前言

謝謝你拿起本書。
在本書中分享自身體驗的人們，都跟各位讀者一樣，
每天都在經歷恐懼、憤怒、焦躁與不安。

當問題發生，真正的原因無需外求，就在自己本身，
而且每個人都可以靠自己的能力解決——
這對「自己」的存在而言，是強而有力的觀念。

負面的記憶可以藉由清理的過程，
表達懺悔、請求原諒、轉換成愛來消除。
你可以回到原本完全都是愛的狀態。

當你的一部分潛意識的記憶能回到原本的「零」，
你必定能獲得——
神聖的愛、完美的人際關係、完美的靈感、完美的財富與健康來源。

只要加以實踐！
清理、清理、清理！

我衷心祈願各位讀者，以及各位讀者的家人、親戚與祖先，
能夠擁有超乎人類理解程度的平靜。

我的平靜（Ka Maluhia o ka "I".）

伊賀列阿卡拉・修・藍

Ihaleakala Hew Len, ph.D.

目次

第五章　在全世界流傳的荷歐波諾波諾

在夏威夷聽見的奇蹟故事

這是我第一次耳聞荷歐波諾波諾。儘管音量很小，但我每天都會重複地說荷歐波諾波諾。期待未來的改變。
（日本神奈川縣／70多歲女性）

我每天寫日記時，會在最後加上荷歐波諾波諾的話語。我覺得自從我開始這麼做，就再也沒有發生討厭的事情了。
（日本北海道／30多歲男性）

讓所有人都幸福的荷歐波諾波諾

我從數年前開始實行荷歐波諾波諾，感覺非常好。我覺得我不再像以前那樣煩惱、懦弱。我希望可以讓更多人知道。如果變成學校課程，每個人都可以變得很快樂呢！
（日本奈良縣／40多歲女性）

我親身體會到荷歐波諾波諾的確能提升意識層級，藍色太陽水對於淨化身體也很有幫助！弟弟原本老是治不好的皮膚病開始好轉。雖然很花時間，但靈魂與身體確實能得到淨化。（日本熊本縣／50多歲女性）

因爲實在太簡單了，我一開始是半信半疑的。不過當我持續說四句話，我發現自己的物質欲望消失，不再有浪費的習慣了。

（日本島根縣／30多歲男性）

由於這終極方法不需要花費金錢與時間，所以我每天持續實行。後來，我需要的人、物都會適時出現，像是看見一本我應該讀的書、儘管值得信賴的主管調職，但新的主管也很可靠……感謝！（日本兵庫縣／40多歲女性）

當我不斷向自己的姓名與年齡說四句話，覺得心曠神怡，所處的環境也變好了。（日本高知縣／40多歲女性）

荷歐波諾波諾眞的很棒。除了四句話，我也經常把「magenta, magenta, radiation」（洋紅色、洋紅色、輻射能）掛在嘴邊。隨著清理的時間越長，我越覺得自己能積極地活下去。

（日本北海道／20多歲女性）

我的內心變得平靜，並感恩各式各樣的事情。此外，我發怒的次數也比以前少了。就精神層面來說，我現在活得輕鬆自在。

（日本大阪府／40多歲女性）

第一章　讓修·藍博士告訴我們

夏威夷的智慧「荷歐波諾波諾」

荷歐波諾波諾是自古流傳於夏威夷，
解決問題的傳統方法。
做法非常簡單！只要經常說四句話即可！
「謝謝你」「我愛你」
「請原諒我」「對不起」。
如果你正在面對任何問題，
或是感覺人生遇到阻礙，請實踐荷歐波諾波諾。
荷歐波諾波諾，將會是解決問題的最佳方法。

關於四句話

對不起、請原諒我、謝謝你、我愛你……

Please forgive me
請原諒我
I'm sorry
對不起
謝謝你
Thank you
我愛你
I love you

消除無法心想事成的原因

「謝謝你。」

「我愛你。」

這些是心想事成的魔法「荷歐波諾波諾」使用的話語。聽到這句話，很多人或許會以為我指的是「中樂透」「升遷」「談戀愛」等願望會實現；很可惜，荷歐波諾波諾不是讓各位中樂透的開運法，也不是提升自我的自我啓發法。

然而當你面對問題，覺得人生遇到阻礙，荷歐波諾波諾是唯一能解決這種情況的方法。荷歐波諾波諾會消除你「無法心想事成的原因」。

荷歐波諾波諾是自古流傳於夏威夷，解決問題的傳統方法。這個方法原本應該是學員們在一名講師帶領下，針對問題徹底討論，進而達到療癒心靈的效果。

不過這樣一來，結論很有可能受到講師左右，而無法實際解決問題。之後，莫兒娜．納拉瑪庫．西蒙那（＊）將這個傳統方法轉變為適用於現代的形式。

莫兒娜是獲選爲夏威夷州寶的傳統治療師。儘管我認識她的時候，她已經是位和藹可親的老太太，然而她可以聽見靈感，也就是「神聖的存在」（神性智慧）的聲音。

莫兒娜跟隨靈感，讓荷歐波諾波諾進化。過程中，KR女士（參考十八頁）和我彷彿受到引導般，與莫兒娜相識，最後完成適用於現代的「荷歐波諾波諾回歸自性法」（本書中稱之爲「荷歐波諾波諾」）。

莫兒娜一開始私底下告訴住家附近的主婦與朋友，如何實行荷歐波諾波諾。當荷歐波諾波諾越來越爲人所知，她甚至受邀前往聯合國教科文組織等機構演講。近幾年，這個方法更是快速地在全球普及開來。

只要在心裡反覆說

我向莫兒娜學習並傳達給各位的荷歐波諾波諾，使用的工具是這四句話——「對不起」「請原諒我」「謝謝你」「我愛你」。

只要說四句話
問題就可以解決！
你就能變得幸福！

基本上，方法很簡單，只要說出來，所以無論是誰都可以做到。沒有「要眞心重複說幾次」等規定，Just do it! 只要在心裡反覆說即可。

光是這樣，就可以靠自己解決你面對的所有問題。不過，「變成有錢人」這種願望無法靠荷歐波諾波諾實現，荷歐波諾波諾能夠解決的是「金錢方面的問題」。

當你面對問題，想要突破煩惱與現狀時，你會怎麼做？應該會思考「原因爲何？」，捫心自問「哪裡錯了？」，接著努力、妥協，重複嘗試與失敗的過程吧。

不過那樣一點意義也沒有。荷歐波諾波諾認爲，是「記憶」阻礙了你的人生，若是不「清理」累積在潛意識裡那些過去的記憶，就無法解決問題。

人們擁有得不到回報的記憶、不被人愛的記憶、人生無趣的記憶，如「我明明很努力，卻還是失敗了」「喜歡的人對我不理不睬」「沒有一件事情讓我覺得快樂」等。在沒有清理這些記憶的情況下努力，只會導致相同的情況一而再、再而三地出現。

或許用「鑽牛角尖」「心理陰影」「先入爲主的觀念」「執著」來解釋記憶，會比較容易理解。常識、偏見、自卑感、昨晚出現的夢境、突然想起的往事，全都是記憶。

＊莫兒娜・納拉瑪庫・西蒙那

（一九一三～一九九二年）夏威夷的傳統治療師（當地人稱為「卡胡那・拉帕奧」〔Kahuna Lapa'au〕）。將傳統的荷歐波諾波諾發展成為「荷歐波諾波諾回歸自性法」（SITH）。以 SITH 指導教育者的身分，前往全球的醫療設施、大學機關等地演講，並曾三次受邀於聯合國進行指導。一九八三年，獲選為「夏威夷州寶」。

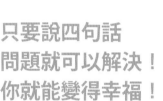

清理記憶……

關於清理記憶

你的現實受到「記憶」的影響

荷歐波諾波諾裡說的記憶，指的不是過往的回憶或造成心理陰影的經驗，而是Memory——從地球出現至今，曾經存在的所有人類、動植物、礦物等所體驗過的一切。在潛意識裡，全人類、全事物共同擁有龐大的記憶。

記憶會累積在潛意識裡不斷重播。你以爲是靠自我意志思考而決定的事物，其實是受到重播的記憶影響。

疾病、負債、人際關係的摩擦，都是因重複播放世世代代「疾病的記憶」「貧困的記憶」「爭執的記憶」而起。

表情溫和地接受訪問的修・藍博士

就連乍看之下讓你覺得「我怎麼這麼幸運！」的事物，只要是重播的記憶，就會產生稱爲「執著」的全新記憶，並持續累積。

各位不會覺得困惑嗎？「如果意志、體驗都是重播的記憶，那眞正的自己在哪裡？」

荷歐波諾波諾認爲人類的意識（self identity）呈金字塔型（參考下圖）。最下層是潛意識（尤尼希皮里），其上是意識（尤哈尼），再上一層是超意識（奧瑪庫阿）。

在夏威夷，視尤尼希皮里爲小孩，而尤哈尼是母親，奧瑪庫

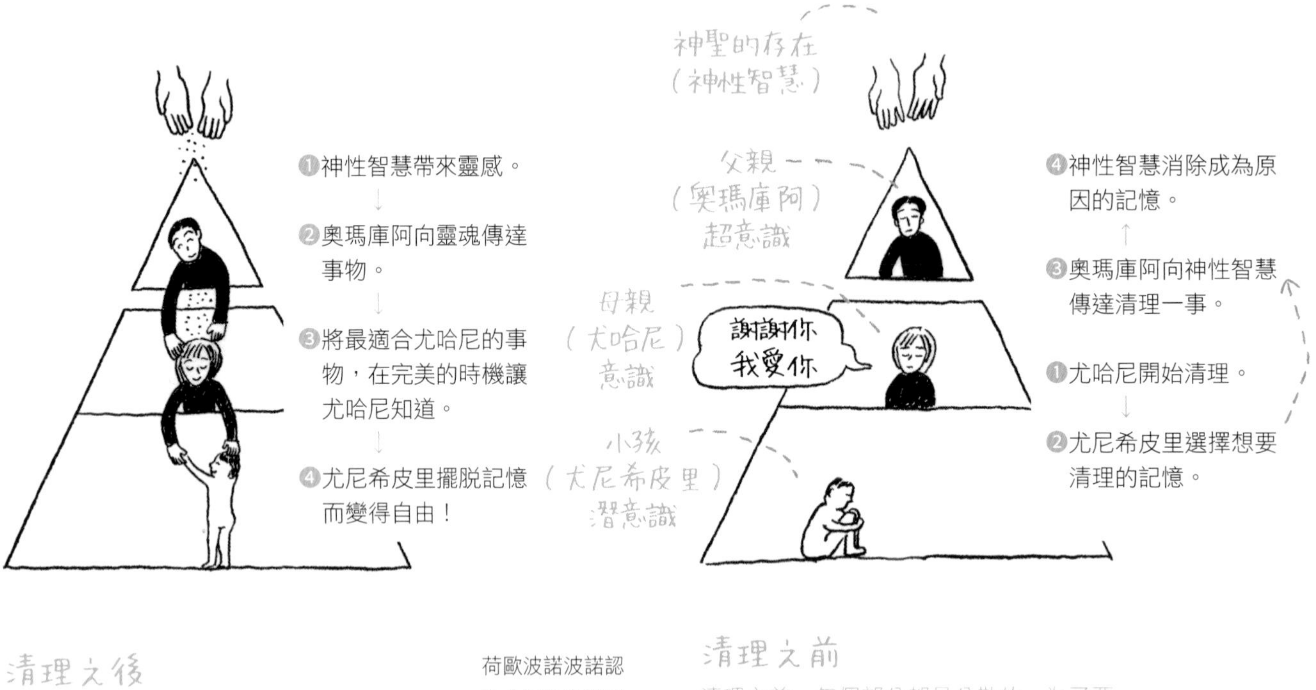
神聖的存在
（神性智慧）
父親
（奧瑪庫阿）
超意識
母親
（尤哈尼）
意識
小孩
（尤尼希皮里）
潛意識
謝謝你
我愛你
❶尤哈尼開始清理。
❷尤尼希皮里選擇想要清理的記憶。
❸奧瑪庫阿向神性智慧傳達清理一事。
❹神性智慧消除成為原因的記憶。
❶神性智慧帶來靈感。
❷奧瑪庫阿向靈魂傳達事物。
❸將最適合尤哈尼的事物，在完美的時機讓尤哈尼知道。
❹尤尼希皮里擺脫記憶而變得自由！

清理之前

清理之前，每個部分都是分散的。為了要讓人與神性智慧相連，必須從清理意識開始。起點是尤哈尼，也就是現在你認知的自己。

荷歐波諾波諾認為人類的意識呈金字塔型，而神聖的存在則位於人類意識之上。

清理之後

隨著清理的進行，記憶逐漸被消除，接近零的狀態。記憶清除後，正如烏雲散去，照進光芒，神聖的存在也帶來靈感。

阿是父親。

除此之外，人類之上有神聖的存在，也就是神性智慧（divinity）。我們可以直接視神性智慧爲神，或者說是宇宙、自然。

幾乎所有人都只能認知到意識。如果要以眞正的自己活著，必須讓意識的金字塔如下文般運作。

導正錯誤，即為荷歐波諾波諾

意識金字塔的運作方式

在夏威夷語裡，尤尼希皮里指的是「內在的小孩」。意識尤哈尼身爲母親，必須照顧尤尼希皮里。

只要母子相連，就能與位於上方的超意識奧瑪庫阿相連。奧瑪庫阿總是與神聖的存在融爲一體。奧瑪庫阿會將尤哈尼與尤尼希皮里的願望傳達給神聖的存在。

關於尤尼希皮里，我會在第三章詳細解說。身爲母親，必須負責照顧尤尼希皮里這項重要工作。

記憶會不斷在潛意識裡重播，而尤尼希皮里就在記憶這塊黑雲的另一端。許多人的尤哈尼會被記憶產生的體驗（大多是不幸的體驗）牽著鼻子走，而忽略尤尼希皮里。

在龐大的記憶裡，無論是什麼樣的體驗，尤尼希皮里都知道成爲原因的記憶爲何。當尤哈尼面對尤尼希皮里，開始進行清理時，尤尼希皮里會告訴尤哈尼——哪些是必須清理的記憶。接著，奧瑪庫阿會向神聖的存在傳達清理一事，由神聖的存在消除記憶。

隨著清理持續進行，記憶會逐漸消除，讓我們越來越接近「無」，就也是零的狀態。就像把洋蔥皮一層一層剝開，最後處於毫無資訊的狀態。這就是佛教裡所謂的「空」。

這才是原本的自己，不受過去、感情拘束，自由的自己。

歸零的你，原本就是完美的。神聖的存在會爲你帶來光與靈感。在完美的時機，爲你帶來你需要的、你適合的事物。接著，問題自然就能獲得解決。

在夏威夷語裡，「荷歐」指的是目標，「波諾波諾」指的是完美、歸零。也就是說，荷歐波諾波諾指的是以完美（歸零）爲目標「進行修正」「導正錯誤」。

我們只要透過清理進行修正，就能恢復原本的自己。

默念「謝謝你」「我愛你」……

清理的實踐方法

各位曾經發現靈感的存在嗎？
只要說四句話，也可以消除潛意識的記憶，
並以靈感的形式爲你帶來適合的資訊。

人若是靠記憶而活，就無法獲得幸福

我們總是會獲得兩種資訊，一是記憶，二是光，也就是靈感。

靈感是「神聖的存在」賜予的資訊，在完美的時機，讓你知道最適合你的事物。

比如說讓你的疾病痊癒、讓你遇見天作之合的另一半。如果你眞的需要金錢，神聖的存在也會賜予你適當額度的金錢。

只是，幾乎沒有人會發現靈感的存在。絕大多數的人，都是靠記憶而活。若是靠記憶而活，人就無法獲得幸福。

不過只要我們對不幸的體驗說「我愛你」，就能消除形成原因的記憶。只要說「我愛你」，就能放開記憶，非常簡單。這樣我們就能擺脫過去，讓光通過，展開新的人生。

或許有人會想：「要從哪些記憶開始？」「要投入多少感情？」「要說幾次才有效？」其實各位不需要試圖深入理解「清理」一事。畢竟記憶是無限的，即使想要透過理論去理解，也是不可能的。

自己的體驗百分之百是自己的責任

問題發生時、恐懼與怨恨等負面情緒湧現時，正是清理的大好時機。

一般來說，當壞事發生，人會往外尋找原因與歸咎的對象；然而荷歐波諾波諾認爲「自己體驗過的一切事物，百分之百都是自己的責任」，因此當壞事發生，必須清理自己的內在。

或許有人會覺得不可思議，「明明是對方的錯，爲什麼是我的責任呢？」不過即使意識無法理解，但壞事之所以會發生，原因都隱藏在你的記憶之中。無論是什麼樣的體驗，事情會發生，都是因爲記憶在潛意識裡被重播。

換句話說，不幸的體驗就是潛

只要清理，就能發揮原本的能力，使問題自然獲得解決。

意識給你的訊號，希望你「清理這個記憶！」

清理不需要「期待」

清理的實踐方法很簡單。當你遭遇某件事情，請對你的潛意識，也就是尤尼希皮里說：「我的記憶，是讓我體驗這件事的原因吧。」接著反覆說「謝謝你」「我愛你」「謝謝你」「我愛你」「謝謝你」「我愛你」，只要這樣就好。

只要機械式地進行清理，尤尼希皮里就會找出成爲原因的記憶，爾後由神聖的存在消除該記憶。

不過，清理時不能抱持「治療疾病」「解決負債問題」「改變某人觀念」等目的或期待。「我有持續清理，一定會有好事發生」——這樣的期待正是應該要清理的記憶。期待會產生焦慮，而焦慮只會成爲新的記憶。即使是發自慈悲心的期待，比如說「希望能早日拯救正在受苦的人」也是如此。

只要持續清理，人原本就是完美的存在。即使沒有冀望、沒有期待，也能發揮你原本的能力，使問題自然獲得解決。清理的過程，絕對會爲你帶來適合你的幸福。

也有人稱其為「奇蹟」

荷歐波諾波諾最棒的一點是，家人的疾病、出現在電視裡的悲劇等，乍看之下，自己完全幫不上忙的事情，也能藉由清理獲得改變。改變自己的內在，自己體驗的外在也會改變，這就是荷歐波諾波諾。

大約三十年前，我在夏威夷州立醫院進行清理。醫院裡收容了犯下重大罪行的精神病患者。儘管醫院委託我以心理學者的身分前往，但我完全沒有進行一般的治療與諮詢。

我也沒有詢問患者：「你的問題是什麼？」相反的，我看著患者的檔案，開始跟自己對話。

是不是因爲我的內在發生了什麼，才會體驗「他們很生氣」「他們罹患了感覺統合失調症」這樣的事實？

是不是因爲我的內在發生了什麼，才會體驗「他們成爲強暴犯」這樣的事實？

接著對自己的記憶說「謝謝你」「對不起」「請原諒我」「我愛你」。

無論早上、中午還是晚上，別說在醫院時，我就連前往醫院前、離開醫院後，都不斷地清理、清理、清理……

很明顯地，患者們漸漸找回平靜，原本是家常便飯的暴力行為也減少許多。兩年半後，再也沒有患者住在隔離病房，也沒有患者戴著手銬、腳鐐，平均收容年數也從七年縮短爲四到五個月。

有人稱其爲「奇蹟」。荷歐波諾波諾，就是讓人生出現奇蹟的方法。請一定要讓荷歐波諾波諾進入你的人生，荷歐波諾波諾可以讓你藉由自己的力量，帶領你、你的家人還有世界通往幸福的道路。

解決問題的方法？

壞事發生時，人會往外尋找原因與歸咎的對象。

「只要清理，婆婆的個性就會變好嗎？」
「可以有效解決金錢問題嗎？」……

荷歐波諾波諾的Q&A

我開始清理了，卻一點感覺也沒有。是不是我的方法錯了？大家對荷歐波諾波諾的疑問，就讓修・藍博士來解答。

Q01

只要完全清理，是否就算什麼都不做，一切就會變好？

A01

「完全清理」是不存在的。清理，必須持續一輩子。此外，任何時候都需要實際的應對。生病了要就醫、捲入犯罪行爲就要報警。清理能讓你前往最適合的醫院，迅速解決眼前的情況。

Q02

我每次想到父母對我說的那些過分的話、過去發生的那些討厭的事，就覺得很鬱悶。我不懂，為什麼我要向那些回憶道歉說「對不起」、道謝說「謝謝你」。我覺得過去無法改變……

A02

記憶沒有所謂好壞。你之所以會體驗「父母說的那些過分的話」，是因爲你的記憶被重播。由於來自神聖的存在的光被遮掩住了，重播的記憶才會讓你面對不幸的體驗。讓我們像按下電腦的刪除鍵般，消除那些記憶吧。那是清理，目的不是對過去的事道歉或道謝。

此外，還要清理「想到這些討厭的事情就覺得很鬱悶」的記憶。只要持續清理，你一定能發現你擺脫了過去，恢復原本的你，擁有自由、豐富而幸福的生活。

Q03

我的腦海浮現了不安的想法：「要是失敗了怎麼辦？」「要是被討厭了怎麼辦？」這些也是記憶嗎？只要進行清理，就不會發生壞事嗎？

A03

雖然不安、擔心都是記憶，但不代表只要進行清理，就不會發生壞事。還是有可能發生你不樂見的事情。只是如果不清楚，那些記憶就會不斷被重播。

覺得不安、發生壞事……這些都是清理的時機。只要把握時機進行清理，就能消除記憶，也能擺脫不安。此外，只要平常持續清理，應該就能防患於未然。

Q04

我婆婆很容易生氣，被全家人討厭。我想要改變婆婆的個性，只要悄悄讓她喝藍色太陽水，就能清理她「易怒的個性」嗎？

A04

以「改變婆婆個性」爲目的進行清理，是不對的。是不是因爲你的內在發生了什麼，才會讓你體驗「我的婆婆很容易生氣」這件事呢？原因全都存在於你的記憶裡，所以該清理的不是你的婆婆，而是你。或許你覺得不合理，然而荷歐波諾波諾的觀念是——百分之百都是自己的責任。當然，你們可以一起喝藍色太陽水，但要清理的是你。

Q05

我明明為兒子進行清理了，他還是沒有考上第一志願的大學。是我清理的方法錯了嗎？

A05

以「讓兒子合格」爲目的進行清理，是不對的。首先清理「讓兒子合格」的期待吧，接著清理你兒子的姓名、第一志願學校的名稱。只要一出現期待、焦慮，就進行清理。

你的兒子原本就是完美的存在。只要清理，即使沒有冀望、沒有期待，就能發揮原本的能力。就結果來說，無論你的兒子走向哪條道路，都是最適合他的道路。

Q06

現在的工作無法提供我必要的收入，我也沒有能力換工作。這該清理什麼才好呢？

A06

清理公司名稱、公司地址、老闆、能夠影響你的主管們的姓名。想像你正在消除導致你無法心想事成的記憶，在名片上畫「X」，或者拿一支附有橡皮擦的鉛筆，以橡皮擦的部分擦拭名片上的文字，也會有效。

大多時候，問題不是金錢，而是人際關係。只要你放開憤怒的情緒，了解這是你的責任，就能解決經濟問題。

Q07

我不擅長節約，再怎麼做都無法存錢。這該清理什麼才好呢？

A07

要知道，無論發生什麼事，都是重播的記憶。

請回想爲什麼你只要沒有錢就會覺得不安，並消除那些記憶。

接著思考爲什麼你會浪費，如果想到「打腫臉充胖子」等原因，就要消除那些記憶。

清理，指的是認識自己。最重要的是有耐心地清理每一個瞬間。

女性的幸福能創造全世界的幸福！

修・藍博士給女性的建議

無論出現什麼樣的男性，女性都不會變得幸福

有句話，我想告訴全世界的女性。

「請讓自己變得幸福。」

絕大多數的女性深信「只要出現完美而正確的男性，我就會變得幸福！」也有許多女性認爲「只要我變得更漂亮，我就會變得幸福」。

然而，無論出現什麼樣的男性，女性都不會變得幸福。穿戴再怎麼美麗，也無法填滿自己內心的空虛。

我想告訴女性的是，不該繼續等待男性。你在等待丈夫、情人改變嗎？你在等待父權社會改變嗎？這樣等待，想必永遠都得等待吧。

近幾年，我在日本、韓國等地舉辦了荷歐波諾波諾的演講，發現每個國家都有很多不幸的女性。

女性如果不幸，男性也會不幸。因爲男性也是女性生的。不幸的女性，會生出不幸的小孩；不幸的小孩，會變成不幸的上班族；公司裡如果有不幸的上班族，就會招致不幸，最後全國都會變得不幸。

經濟之所以不振，原因是女性的憤怒。目前全世界都有經濟問題，如果女性幸福，應該就不會有經濟危機了吧。

此外，地震、颱風也是基於人類憤怒、怨恨的記憶而來。我認爲這與女性憤怒有很深的關係。女性的幸福能創造全世界的幸福。

要斷除一連串的不幸，男性必須重視女性。其中最重要的是，女性要讓自己變得幸福。

那麼該怎麼做，才能讓女性變得幸福呢？只能透過清理。

另一半暴力相向、在父權社會受到歧視……這些都是重播的記憶，女性在歷史上飽受凌虐的、負面的記憶。面對怨恨的情緒，要以「百分之百是自己的責任」的立場來進行清理。怨恨丈夫、父親，只會讓現狀惡化。在採取任何因應對策前，都要先清理了再付諸行動。否則即使地點、時間改變，相同的問題（記憶）還是會再上演。

「丈夫完全不肯了解我。那也是我的責任嗎？」相信有人會覺得不合理。不過發生在身邊的所有事情，都是過去的記憶被重播。有問題的，是自己的內在。一定要清理，擺脫那些對男性產生負面情緒的記憶。

「他很容易生氣，總是在大吼大叫。」

「他很容易生氣，總是在大吼大叫。只要清理，他就會變得溫柔嗎？」曾經有人這樣問我。然而，以修正對方易怒性格爲目的進行清理，是不對的。是不是

先讓自己變得幸福——這是獲得愛情、豐裕的訣竅。

因爲你的內在發生了什麼，才會讓你體驗「我的另一半很易怒」這件事呢？原因全都存在於你的記憶裡，所以該清理的不是他，而是你。這是荷歐波諾波諾的觀念。

清理每個你覺得「沒有人愛我」「沒有人重視我」的瞬間。很簡單，只要反覆說「謝謝你，我愛你」就好。

在完美的時機 賜予你需要的金錢

一而再、再而三地重複，讓清理變成習慣。當你恢復零，也就是無的狀態，你才終於變得自由。撥雲見日，讓光能夠通過。你將成爲光。當你成爲完美的存在，完美的男性就會出現。你能夠擁有恰到好處的人際關係、良善的事業、完美的收入、適合你的小孩。當你成爲光，你就能獲得所有你需要的事物。

經濟方面陷入窘境的女性，也要清理。幸福的女性，經濟方面是豐裕的。唯有恢復零的狀態，才能獲得豐裕。幸福的女性，會在完美的時機獲得需要的金錢。或許是自己的事業成功，或許是丈夫出人頭地，沒有人知道。

在荷歐波諾波諾的實踐者中，有無數事業成功的人，也有女性表示：「原本外子的年薪是四百萬，目前收入都是以億爲單位來計算。」

如果你想認識完美的男性，請先讓自己變得幸福。我不是在教各位如何與優秀的男性結婚，而是如何恢復原本的自己。我由衷希望各位能夠實踐荷歐波諾波諾。

第二章　向ＫＲ女士學習清理的訣竅

荷歐波諾波諾的清理工具

ＫＲ女士，和兩隻狗一同生活在歐胡島的叢林裡。
在日本，ＫＲ女士是荷歐波諾波諾的知名講師；
而在夏威夷，ＫＲ女士經營不動產業也十分成功。
ＫＲ女士是全世界清理時間最長的人。
她豐富的荷歐波諾波諾生活，
可以說是讓人變得幸福的智慧寶庫。
接下來，我們將介紹ＫＲ女士透過靈感獲得的，
最新的清理工具。

每當覺得生氣、悲傷……
就要說「謝謝你」「我愛你」。

不要覺得清理很難

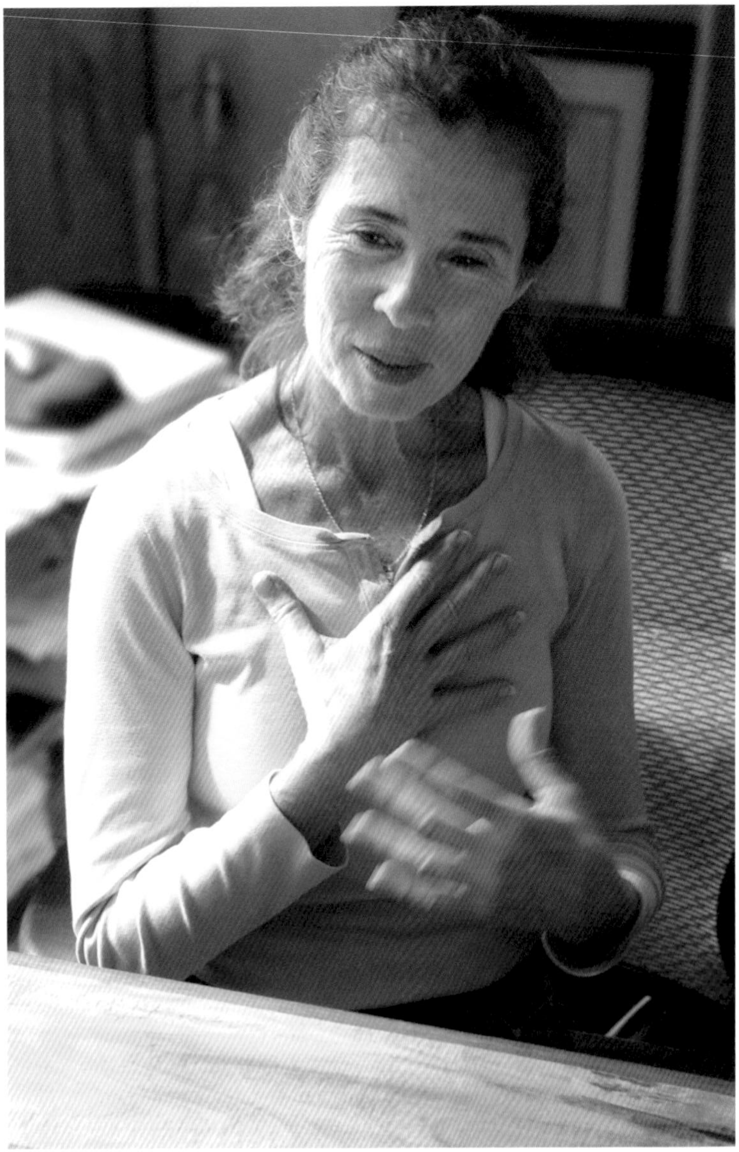

從十九歲就開始進行清理的 KR 女士。

現在發生的事，就是你清理的機會

阿羅哈！我是卡瑪利・拉法耶魯維奇，你可以叫我KR。

我在夏威夷進行荷歐波諾波諾的個人課程與身體工作，並經營不動產業。不動產業的成功，讓身爲單親媽媽的我在經濟方面是豐裕的。

按摩師加不動產經紀人……或許這兩種職業組合起來有點不可思議，不過這是我經過清理得到的結果。我打從十九歲認識莫兒娜（參考第九頁）起，就持續進行清理，據說目前是全世界清理最久的人。

「我不知道該如何清理。」經常有人這麼問我，在此提供我個人的體驗，供各位參考。

讓清理變得困難的是知識、理性，還有期待。因爲「想要在工作方面獲得成功」，所以決定「清理工作」，努力「清理所有與工作有關的檔案」。

規定自己每天清理五分鐘，製作如手冊般的「清理表」，從優先順序高的開始清理……各位是不是這麼做？

的確有些日子這麼做也無妨，但如果要每天持續，就會變得很辛苦。

清理指的是「每當有情緒湧現於內在，就進行清理」。覺得生氣、悲傷、焦躁……即使發生高興的事情，也要清理。

此外，跟其他人對話時，腦海

裡有時會浮現完全無關的事情。比如說爲工作表達意見時，會突然有「腰好痛，眞想躺下來」的念頭，這正是清理的大好機會！

比如說，跟其他人對話時，會有「爲什麼這個人現在要這麼說呢？」的念頭。不管腦海浮現完全無關的話題、壞話、回憶、過去的辛苦……這些都是清理的機會！爲什麼呢？因爲那正是尤尼希皮里眞正的想法，也就是記憶。

如果清理有所謂的訣竅，那就是不放過任何當下發生的事情、不放過清理的機會。清理，必須即時！不需要拘泥方法。清理所有事物，使用任何工具都OK（我將從二十六頁起介紹清理工具）。

湧現的情緒（嫌惡、忌妒、悲傷，甚至喜悅）、感覺（疲勞、疼痛等）、想法（欲望、自卑感等），全部都要清理。透過清理，我們才會身處完美而正確的地方。

清理工作時，我都是這麼做的。

清理的訣竅為何？就是清理發生在眼前的每一個瞬間。

我喜歡每天早上進行清理。

我會想著一整天的工作行程，進行清理。從公司裡的所有事物，到住家、牆壁、筆，都要清理。理想的情況是清理十分鐘，有時候沒有這麼多時間，我會先說：「清理我工作的所有。」接著開始工作。非常簡單吧？更簡單的是，告訴尤尼希皮里清理的方法，讓他自動清理。

KR女士位於歐胡島叢林裡的住家大門。這是她清理每一個瞬間，獲得的土地與房子。裝潢、家具也都依照靈感來配置。

「靠你的收入，不可能買房子。」

現在讓我告訴各位，爲什麼我會成爲不動產經紀人吧。

我第一次買房子，是在我三十八歲那年。就買房子的年齡來說，三十八歲買房子非常晚，而且每個人都跟我說：「靠你的收入，不可能買房子。」的確，沒有人願意幫個人經營的按摩師申請貸款。

不過我很確定我要「買房子」，只是不知道該如何達到這個目的。所以我清理了。我清理了每一個湧現「我想要買房子」「年紀不小了」「我沒有錢」等想法的瞬間。

後來我想：「既然沒有人願意幫我找房子，那我就自己來！房子就在那裡。」我開始學習不動產相關知識。儘管遭到身邊的人強烈反對，但我還是清理。後來，我參加考試，並且通過了。

KR 女士購買了原本屬於曾經獲得奧斯卡最佳男主角獎的詹姆士・史都華的牧場。

當我發現時，我已經是個不動產經紀人了！

我在不動產市場找物件，親自製作十四張契約，並親自與建設業者接洽。訂定契約眞的很辛苦。因爲有繼承問題，所以必須取得屋主已經各組家庭的五個小孩的同意。經過這些，我才有了現在的房子（在歐胡島的叢林裡）。

接下來的發展超乎我的想像。當幾個朋友問我：「我也想買房子，可是不知道該怎麼塡寫資料。」在提供協助的過程裡，這成爲我的工作。我一面提供協助一面清理，所以很順利。之後我發現：「我已經是個不動產經紀人了！」（笑）

我成爲不動產經紀人，絕對不是爲了「靠土地賺錢！」等想法，而是當我清理了自己「買房子」的需求，這類工作就出現在我的桌上。

因此，我才有能力讓小孩就讀私立學校。當我聽到小孩說：「我想唸私立學校。」我就清理，後來我認爲「對小孩來說，就讀那間學校是正確的決定」。

雖然我不知道該如何籌措學費，但我還是讓小孩就讀那間學校。後來，我便透過不動產獲得與學費等額的收入，不多也不少，剛剛好。

這件事讓我感覺到，只要依照神聖的意志，就能在完美的時機獲得需要的事物。

不過，這當然不是說「只要清理，就什麼都不需要做」。就算輕鬆，還是必須負起責任。我學習了不動產相關知識、做了管理土地等工作。

工作、學習、家事，總是會有覺得「好麻煩」「不想做」的時候。可是這就跟幫寶寶換尿布一樣，再怎麼不想幫寶寶換尿布，最後還是得換。

如果自己想做些什麼，就必須遵循實際的作爲。在清理的同時，選擇自己能夠輕鬆應對的狀況。這點很重要。

對各位來說，清理不好的體驗或許很容易就能理解；但我即使處於舒適的狀況也會清理。

我住在歐胡島如叢林般的區域，去年又在夏威夷島購買了大片土地。有人問我：「爲什麼要買？」我自己在簽約時也覺得：「爲什麼要買？」（笑）我很喜歡現在的房子，只要在這裡過得輕鬆，不就好了嗎？而且我也不想專程從歐胡島坐飛機到夏威夷島。那付這麼大一筆錢，好嗎……眞的，我當時出現許多念頭，全部都清理了。

穿越茂密的森林，是 KR 女士的私人海灘。

無論是什麼樣的經驗都要清理

自己感到舒適的環境稱爲「舒適圈」。輕鬆、習慣而且大小適合自己，也就是「安全地帶」。不過重點是，即使如此還是要清理。

爲什麼呢？因爲舒適圈也是「因爲這裡很舒適，所以我不願意放手」「我不清理」等記憶。

經驗沒有好壞，「這個好」「那個不好」是浮現在腦海裡的字句，對荷歐波諾波諾來說，所有經驗都只是經驗，所以全部都要清理。

比如說，如果把食物放進背包裡一段時間，忘了拿出來，食物就會腐壞。只要打開背包，就能拿出腐壞的食物。存在於自己內在的記憶，即使忘了，還是存在於自己的內在。所以一定要清理，把它們拿出來。

這次，我將爲各位讀者介紹新的清理工具——放了彩虹色水晶水的容器與彩虹湯匙（攪拌棒）。我會在二十七頁詳細介紹，請一定要使用。

就連自己感到舒適的環境，
也就是「安全地帶」，
都要清理。
這點很重要。

莫兒娜傳授的——身體工作

KR女士會在清理顧客的姓名、地址與出生年月日後，進行身體工作。

目的在於切斷我和顧客的因緣

我一邊經營不動產業，一邊以荷歐波諾波諾講師的身分，進行身體工作。從日本到夏威夷來找我的顧客很多，目前已經有將近一千人了。

身體工作，是莫兒娜傳授給我的「卡胡那」（夏威夷當地的傳統治療師）治療方法。我擁有按摩師執照，也在大學學習過身體相關知識。基本上，雖然荷歐波諾波諾會觸碰身體，但和按摩、整骨不同。

身體工作不是進行舒緩腰痛、矯正身體的治療，不會詢問「從什麼時候開始腰痛呢？」等問題，也不會討論顧客的煩惱。

爲什麼呢？因爲我不知道顧客身體裡發生了什麼，才會以疼痛的形式呈現出來。

我不是進行治療，而是清理存在於我內在的記憶。

顧客和我，一定是基於某些因緣才會相識。我想要切斷這些連結（或者說「牽絆」）。所以，我只會進行清理，消除原本存在於我們內在的記憶。只要我內在的記憶消除了，顧客內在的記憶也會消除。

記憶消除了之後，會怎麼樣呢？顧客就能與「神聖的存在」連結。只要消除遮掩住光的記憶，顧客就能與自己的潛意識、意識、超意識以及神聖的存在連結。那麼顧客就能變得完美，適合顧客的事情就會發生。

清理，從進行身體工作前就開始了。我會先清理顧客的姓名、地址與出生年月日，再進行身體工作。此外，我也會清理進行身體工作的墊子、床單。我也會清理自己、清理顧客。身體工作結束後，我還是會持續清理。

或許有些顧客認爲我舒緩了他們的疼痛。不過我不是治療師，我不會讓顧客痊癒，也不會發送愛的能量。我也不希望有「好可憐」「希望顧客早日康復」等想法。

爲什麼呢？因爲「我要讓顧客痊癒！」的決心、「一定是這裡出了問題」的偏執，都是新的記憶被重播。我越是努力進行治療，清理就越是沒有進展。

擺脫記憶疼痛就會消失

其實紓緩疼痛的是神聖的存在。我不可能讓顧客痊癒、也不可能發送愛的能量。

此外，我在進行清理時，會去看存在於顧客尤尼希皮里中的煩惱。煩惱透過顧客的身體呈現出來，我透過身體看顧客的尤尼希皮里。因爲掌管我們身體的，正是尤尼希皮里。

不過，我不會說：「我能看見你的尤尼希皮里。」因為我會專注於清理。

我不是通靈者，所以不會說「我能看見什麼」「感覺到什麼」。比如說，有時候我在清理時，會看見顧客的祖母，那我就清理祖母。我只是清理每一個瞬間我看見的事物。接受身體工作的人，有些人會因情感爆發而哭泣，也有些人會睡著、什麼都不知道，這些都無妨。我覺得最好是，和尤尼希皮里一同放鬆、睡著。

只要透過清理擺脫記憶，尤尼希皮里就會覺得開心，身體也會變得完美。出現的疼痛會逐漸消失。這就是荷歐波諾波諾的身體工作。

編輯M體驗身體工作的感想

我終於可以在KR女士住家的一個房間裡，體驗身體工作了。曾經體驗的人們告訴我，進行身體工作後會什麼事都不想做，還會全身虛脫無力。所以我先結束了所有工作，才進入KR女士的辦公室。

服裝是寬鬆的襯衫與長褲。進行身體工作時，我趴在KR女士辦公室地板上的一張墊子上。柔和的陽光從兩扇窗戶灑進室內，窗外是枝繁葉茂的綠意，讓我想起自己身處夏威夷的叢林（？）中！在清脆的鳥叫聲中，KR女士的身體工作開始了。

一開始，我覺得肩膀似乎被腳踩了。我的身體接受著一定強度與節奏的壓力，感覺很舒服。我立刻打起瞌睡，但又覺得如果睡著實在可惜，所以拚命保持清醒。

好幾次我都要失去意識，和睡魔奮戰了好久。之後我聽KR女士說，進行身體工作時，如果覺得想睡，最好就這樣睡著。清理時，不需要勉強自己保持清醒。

我的朋友也曾經體驗身體工作。當KR女士觸碰朋友的肩膀時，據說朋友立刻淚流不止。似乎是因為年幼時被父母打肩膀的悲傷與憤怒瞬間湧現。透過身體工作，也能擺脫這些過去的體驗。這就是KR女士的身體工作。

當我回過神來，身體工作已進入尾聲。我似乎還是在不知不覺間沉沉地睡著了。

我聽見KR女士說：「just cleaning」，我也在心裡反覆說著：「謝謝你，我愛你……」進行清理。當身體工作約一小時後結束。

我並沒有全身虛脫無力，反而有種充滿能量、消除穢物般清爽的感覺。我的清理是不是有很大的進展呢？

有各種清理工具，如話語、圖像、水、呼吸法、植物等。

清理工具的使用方法

這些方便的工具和四句話一樣，能夠消除記憶。呼吸法、圖像等，只要知道了就不需要選擇地點，隨處都可以有效清理。請隨著你的靈感，自由使用。

隨著靈感自由發揮

消除記憶的方法，不只有「謝謝你」「我愛你」……四句話。荷歐波諾波諾，會使用五花八門的清理工具。

清理工具，指的是具清理效果的話語、圖像、水、呼吸法、植物、食物等事物。絕大多數是修·藍博士和我透過靈感獲得的工具，數量高達八十種以上。

記憶會不斷進入我們的日常生活，因此我們必須持續清理。請各位於每天的清理，活用下列工具。

此外，清理工具對「與尤尼希皮里溝通」一事也很有幫助。因爲只要使用清理工具，我們（意識、母親）就能與尤尼希皮里（潛意識、小孩）連結，共同進行清理。

我總是會和尤尼希皮里討論：「我應該用哪種工具呢？」有時，尤尼希皮里也會提出請求：「可以用這種工具，和我一起清理嗎？」那是非常開心的事。

在此，我將介紹幾種具代表性的清理工具。其中有些工具似乎很不可思議，但各位不需要想太多。因爲清理工具沒有正確答案，請隨著你的靈感，自由使用。

隨書附贈「四句話療癒身心」卡片的使用方法

這次，我們準備了幫助你每天清理的特別卡片。除了有讓人聯想到夏威夷的插圖，還有修·藍博士的親筆字跡——

Please forgive me：「請原諒我。」

I'm sorry：「對不起。」

Thank you：「謝謝你。」

I love you：「我愛你。」

請各位把卡片放在錢包裡隨身攜帶，或者當做用來欣賞的裝飾。

遭遇負面的情緒與麻煩時，請唸出卡片上療癒人心的話語。這四句話可以幫助各位清理帶來體驗的記憶。

此外，爲了不忘清理，也可以裝飾在經常映入眼簾之處。請隨著你的靈感，自由使用。

※「四句話療癒身心」卡片夾在本書封面處。

把想清理的問題
都放進大碗中。

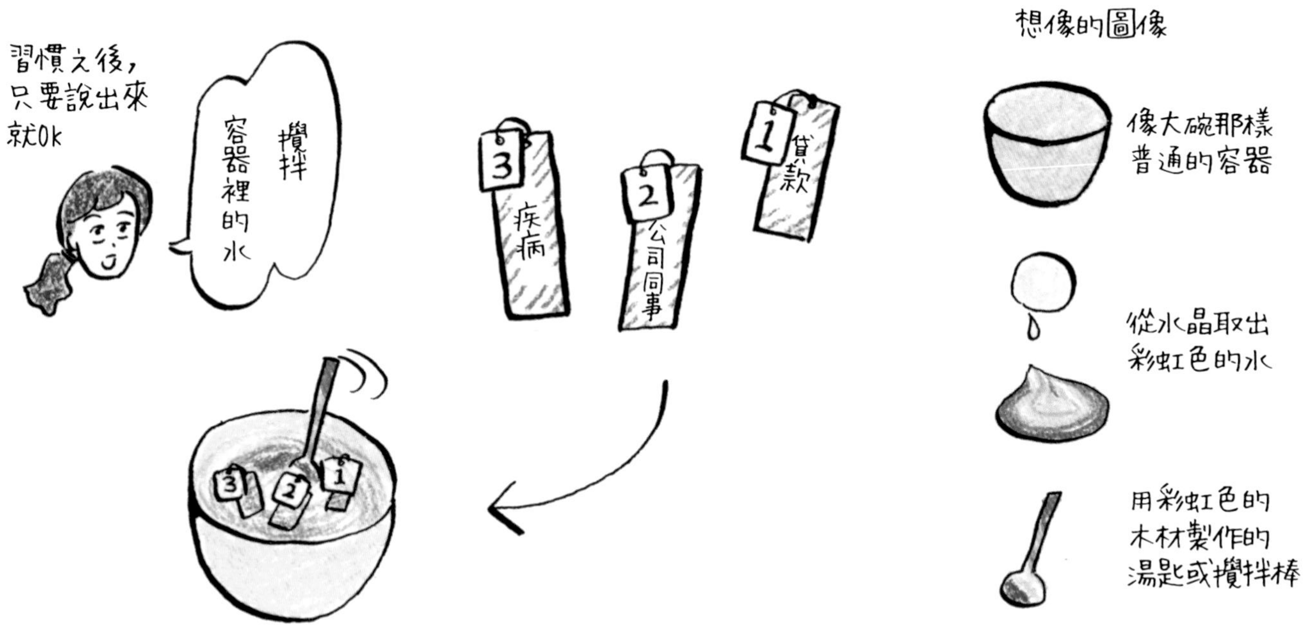

清理工具 01

彩虹色水晶水

KR女士帶來新的清理工具。請隨著你的靈感，自由使用！

首先，在腦海裡準備一個像大碗那樣普通的容器。形狀、材質可以自由想像。容器裡盛裝的，是從水晶取出的、彩虹色的水。接著用彩虹色的木材製作的湯匙或攪拌棒攪拌。

相信很多人會問：「什麼是彩虹色水晶水？」

彩虹色水晶水，是就常理而言並不存在的事物。這項工具的目的在於打破理性與常識，所以請隨著你的感覺，自由想像。隨著你的感覺來想像、使用。

當你的腦海浮現這樣的畫面，請把想要清理的事物放進容器裡，用湯匙攪拌。

這時候，可以把「金錢問題」排在第一、「人際關係問題」排在第二、「健康問題」排在第三。一般來說，大家應該會覺得這些問題在人生裡的重要順序是相反的，像是「比起金錢，健康與家人應該比較重要吧？」如此編號就是爲了打破常識。

絕大多數的人都不認爲金錢是好的事物。雖然心裡想著「想要更多的錢」，卻又對金錢抱持負面印象，認爲「想要錢是件齷齪的事」。然而爲了生存，金錢是不可或缺的。如果各位不了解「爲什麼要把金錢排在第一呢？」也請把這個想法放進水晶水裡清理。

之後，請自由把自己想要清理的問題放進水中攪拌。如果是疾病，可以把疾病的部位、疼痛、「爲什麼這種事會發生在我身上」等想法，所有相關事物都放進水中。

如果夫妻關係惡劣，可以把另一半放進水中，也可以把正在煩惱的自己放進水中。

習慣之後，只要說「攪拌容器裡的水」就好。

這裡介紹的插圖只是範例，顏色、形狀請隨著你的靈感，自由想像。

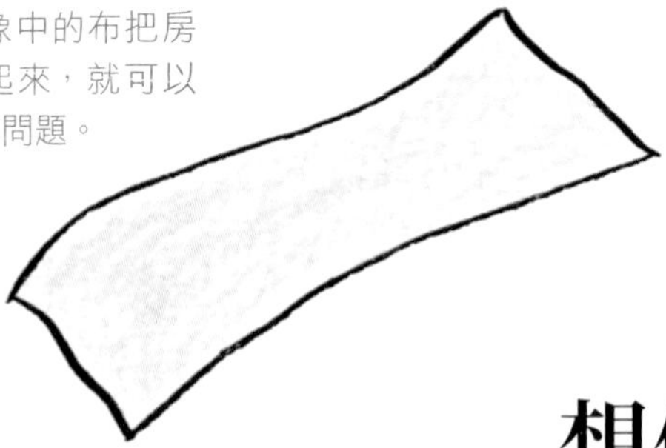

只要用想像中的布把房子整個包起來，就可以清理家裡的問題。

清理工具 02

想像水藍色的布

在想像中包裹、纏繞與擦拭

想像有一塊如絲綢般薄而軟的、水藍色的布。用這塊布把問題包起來。有肩膀僵硬、腰痛、罹患疾病的情況，可以用這塊布來擦拭、包裹不舒服的部位。

如果家裡有問題，可以想像自己用這塊布把房子整個包起來，打上一個蝴蝶結。如果是「家計困難」「公司資金周轉不靈」等金錢方面的問題，可以用這塊布把存摺或平常往來的銀行整個包起來。遇到難以相處的人、面試或考試，就想像自己用這塊布包裹、纏繞或擦拭對方或會場。

爲了不忘清理，可以眞的把一塊水藍色的布放在身邊。這是很好的方法，但這塊布只是用來提醒自己記得要清理的象徵，實際清理時還是要使用想像中的布。

如果覺得自己很容易忘記清理，可以想像自己出門前，在脖子上綁了一塊水藍色的布。那麼一整天，這塊布都會代替你進行清理。

實踐範例

- 住在遠方的公公視力變差，醫師表示就快要失明了。我每次覺得擔心，就會想像自己用水藍色的布輕輕地擦拭眼睛。之後公公的手術十分成功，免於失明的危機，甚至慢慢重拾建築業的工作。（四十多歲的女性）
- 我有兩個小孩，一個六歲、一個三歲。每次我覺得帶小孩很辛苦的時候，我就會用想像中的布像浴巾一樣，把兩個小孩包起來。（三十多歲女性）
- 我對自己的體型感到自卑，每當我覺得「我好胖，眞討厭！」「爲什麼我瘦不下來呢？」我就會用水藍色的布把在意的部位捲起來。（二十多歲女性）

清理工具 03

酒瓶椰子

酒瓶椰子可以清理金錢的相關問題。

然而如果以「想要錢」爲目的而擺放酒瓶椰子，是不對的。酒瓶椰子是累積神性的靈感銀行。就像所謂的「智慧的存錢筒」。如果你沒有靈感，表示你目前與神性沒有連結。只要觸碰酒瓶椰子就能清理，讓神聖的存在爲你帶來靈感。

只要你能活在靈感裡，就能獲得需要的金錢。

酒瓶椰子就像一間銀行，累積著神性的靈感。

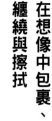

清理工具 04

HA呼吸

放開對金錢的執著與期待

「夏威夷」（Hawaii）的「ha」在夏威夷語裡，是「神聖的靈感」「生命的呼吸」的意思，而「wai」是「水」的意思、最後的「i」是「神」的意思。也就是說，「夏威夷」本身即是指「神、水與呼吸」，也是清理的方法。「ha」具有活化生命能量的功能。

順便告訴大家一件事。和夏威夷語裡有「你好」「謝謝」「再見」之意的「阿羅哈」（Aloha）的「ha」一樣，是指「神聖的靈感」「生命的呼吸」，而「阿羅哈」原本就有「我在神的面前」的意思，也是清理的方法之一。

對於有金錢煩惱的人來說，「HA呼吸」是有效的清理方法，可以消除「貪錢眞是齷齪的想法」此類罪惡感、「我想要更多的錢！」此類執著等金錢方面過多的情緒與期待。

此外，如果在對潛意識說「對不起」「請原諒我」「謝謝你」「我愛你」之前，先進行HA呼吸，就能調整內心的環境，進而恢復原本的自己。

在安靜的空間裡，集中精神進行HA呼吸。如果因爲家裡有人、人在外頭而無法進行HA呼吸，只要想像自己正在進行HA呼吸，也可以清理。

步驟

❶坐在椅子上，讓腳接觸大地，讓與祖先相連的背挺直。

❷將手放在大腿上，用象徵神聖的存在的拇指、象徵自己的食指、象徵社會的中指做成圈，並讓雙手的圈套在一起。

❸依照自己的步調，用鼻子慢慢吸氣，數到七。

❹直接閉氣，數到七。

❺慢慢地從鼻子將氣吐出，數到七。

※以❸～❺爲一個循環，重複七次。

注意事項

（如果可以的話）在沒有雜音或背景音樂的安靜空間進行。

手指受傷或難以坐在椅子上的人，不需要拘泥形式，請依照自己的喜好進行。即使進行步驟與這裡介紹的不完全一致，清理效果也不會受到影響。

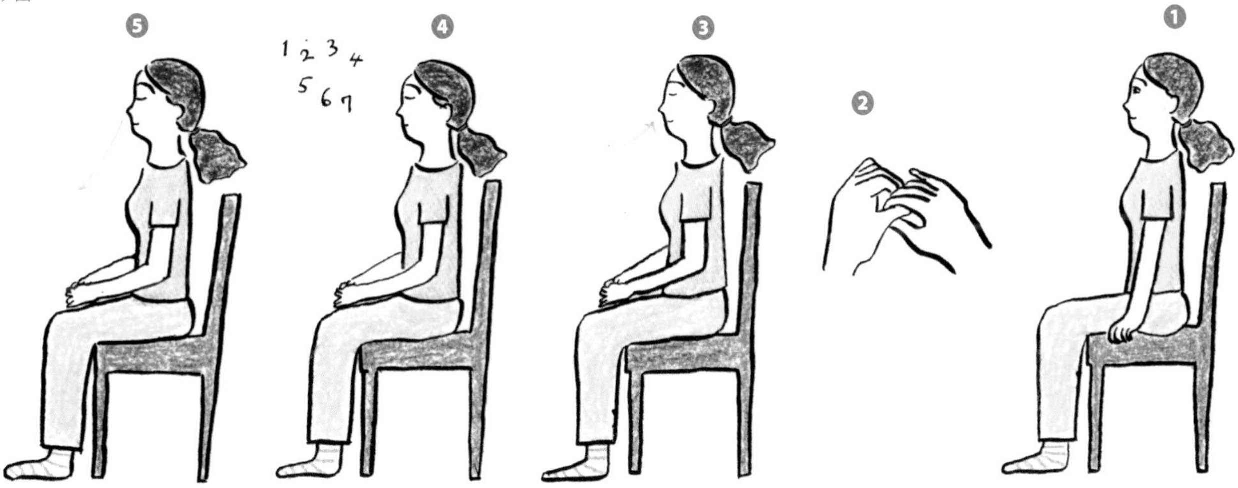

清理工具 05

藍色太陽水

只要讓日光照射裝在藍色玻璃瓶裡的水即可

夏威夷的「wai」是「水」的意思，而藍色太陽水是具有清理效果的水。話雖如此，但其實沒有添加特殊成分，使用方法跟普通的水相同。

首先，準備藍色的玻璃瓶。形狀、大小不拘，也可以重複利用空瓶。如果沒有藍色玻璃瓶，可以用藍色玻璃紙將透明玻璃瓶包起來。

將水加進瓶子裡，蓋上蓋子。除了自來水，也可以用礦泉水。不要使用金屬蓋子，請使用塑膠、軟木塞等材質的蓋子。如果沒有蓋子，就可以用保鮮膜與橡皮筋代替。

讓瓶子在陽光中沐浴三十分鐘至一小時，透過窗戶玻璃的陽光也無妨。即使是陰天，還是有陽光，所以不打緊。此外，白熱燈的光線也可以製作藍色太陽水，但日光燈的光線無效。

藍色太陽水除了飲用，還可以使用於烹飪、澆水、打掃、洗衣等各處。接下來我將介紹幾個具體的範例，提供各位參考。

藍色太陽水即使倒入其他容器，清理效果也不會受到影響。所以夏天時可以冷藏，並盡早飲用完畢。

沒有藍色太陽水的時候，可以想像自己正在飲用藍色太陽水，這樣也能達到清理的效果。

使用方法

● 飲用

建議一天喝兩公升。即使用來做麥茶、或煮沸之後用來沖咖啡或泡紅茶，清理效果都不會受到影響。此外，也可以讓寵物飲用。覺得內心難以控制的時候，可以加一兩滴檸檬汁。

● 洗衣

加在洗衣水裡，洗衣機會覺得很高興，為你清理當天討厭的記憶。建議使用一瓶（約七百二十毫升），少一些也無妨。

只要是藍色玻璃瓶即可，形狀、大小不拘。

●放在桌上

工作時、使用電腦時，可以裝四分之三杯的水，放在桌上。這樣一來，藍色太陽水就會爲你清理，提升你的專注力，讓工作順利進行。

●放在電腦或電視旁

只要將藍色太陽水放在電腦或電視旁，就可以清理電磁波所帶來不好影響的記憶。

●加在泡澡的水裡，或者泡完澡後用來沖洗身體。

●滴幾滴在清潔冰箱的水裡。

●用來爲植物澆水。

●代替化妝水使用。

實踐範例1

●我將飲用水全部換成藍色太陽水。因爲四句話可能會忘記說，但水是每天都一定要喝的。（二十多歲女性）

●我會使用藍色太陽水來煮味噌湯等料理。（四十多歲女性）

實踐範例2

以下是克服難癒疾病的關家美由紀夫婦，他們使用藍色太陽水的方法。關於關家夫婦的詳細體驗，請見五十一頁。

妻子的部分

●住院時，將藍色太陽水放進噴霧瓶裡，輕輕噴灑病床或窗簾。

●洗好臉後，用藍色太陽水拍臉；洗完澡後，也將藍色太陽水自頭淋下。

丈夫的部分

●準備六個藍色玻璃瓶，輪流使用，大量飲用藍色太陽水。

●倒一瓶藍色太陽水在洗衣機裡，清洗妻子住院時的換洗衣服。

●用藍色太陽水來打掃房子。除了地板，牆壁、天花板等都用藍色太陽水擦拭。

●從醫院回家後，用藍色太陽水噴身上的衣服。

※藍色太陽水沒有治病等療效。請遵從醫師指示，必須限制攝取水分的人請勿飲用。

只要消除心靈障礙，自己就會改變！
讓人生之路順利！荷歐波諾波諾的魔法

道端潔西卡（模特兒）

「請隨時清理。」

這句話是修．藍博士在《零極限》這本書裡提到的。我依照博士所言，從看了這本書開始，就持續使用「對不起」「請原諒我」「謝謝你」「我愛你」四句話進行清理。

儘管許多人會問：「什麼時候要清理呢？」但我毫不猶豫地，時時刻刻都在清理。晚上想睡的時候，腦海裡會浮現四句話，早上起來的時候，第一件事也就是清理。每天都是這樣。

託四句話的福，我立刻放開了憤怒、焦躁等情緒。因爲只要我說四句話，我的怒氣就會瞬間平息。當我腦海裡出現先入爲主的觀念或期待，我也會清理。特別是期待。因爲放下期待，事情反而變得更順利，眞是不可思議。

原本我就很喜歡神性的事物，也學習了許多控制情緒、和自己對話的方法。其中，我認爲荷歐波諾波諾是最能夠快速熟悉的方法。

比如說，明明已經很努力了，人生之路還是遇到許多困難，原因在於心靈的障礙。心靈障礙，指的是潛意識中不明所以的情緒、無可言喻的想法等。也就是所謂的「記憶」。只要持續清理記憶，就能深切感受到心靈障礙逐漸消除。

只要以荷歐波諾波諾消除心靈障礙，自己就會改變；有趣的是，當自己改變，自己和周遭的關係也會變得融洽。這種變化就像是魔法一般。不知道未來荷歐波諾波諾將會帶來什麼美好的事物，我非常期待。

第三章　讓蒙米拉妮博士、繪馬小姐告訴我們

與潛意識連結的方法

尤尼希皮里，是身處自己內在的另一個自己。

然而，我們至今就連尤尼希皮里存在一事都不知道，

該如何跟尤尼希皮里產生連結呢？

傾聽尤尼希皮里的聲音……究竟該怎麼做呢？

「和尤尼希皮里交流，並不困難。

首先，請從留意自己的情緒與感覺開始。」

讓在日本擔任商業課程講師的蒙米拉妮博士，

以及模特兒繪馬小姐告訴我們。

喜悅、悲傷、恐懼……
我們的情緒都是潛意識的聲音

蒙米拉妮博士

尤尼希皮里——是指你的潛意識

尤尼希皮里在夏威夷語裡，意思是「內在的小孩」。雖說是小孩，跟意指幼兒期陰影的「內在小孩」（inner child）有些許不同。尤尼希皮里是你的潛意識，不只你的過去，還管理著全人類、全存在的資訊。

尤尼希皮里猶如尤哈尼（意識）的小孩，和普通小孩一樣天眞、容易害怕與渴望被愛。

清理中最重要的，就是尤哈尼與尤尼希皮里的母子關係，和尤尼希皮里相處融洽，是清理的第一步驟。（參考第十頁的圖）

話雖如此，第一次進行荷歐波諾波諾的人，以往就連尤尼希皮里存在一事都沒發現。相信絕大多數的人面對看不見身影、聽不見聲音的存在，都不知該如何與其相處吧。這樣的人，該如何與尤尼希皮里建立良好的關係呢？

你的「真心話」就是尤尼希皮里的聲音

首先，能不能看見尤尼希皮里因人而異，有可能一輩子都看不見。有人看見的尤尼希皮里是小孩，有人看見的尤尼希皮里會一直變化，也有很多人看見的尤尼希皮里不是人類的姿態。重點不是能不能看見尤尼希皮里，而是尤哈尼能不能傾聽尤尼希皮里的聲音。

或許有人會說：「我很努力地想要跟尤尼希皮里說話，但尤尼希皮里卻毫無回應。」然而，尤尼希皮里一定會回應。

尤尼希皮里會透過情緒與尤哈尼溝通。也就是說，尤哈尼感受到的情緒與感覺，就是尤尼希皮里的聲音。

例如，聽見不合理的事情而感到生氣，那憤怒的情緒就是尤尼希皮里的聲音，是尤尼希皮里呈現的記憶。不想答應朋友的邀約，也是尤尼希皮里的聲音。這或許與中文的「眞心話」很接近。

然而，大多時候尤哈尼會忽略尤尼希皮里的聲音，我行我素，壓抑尤尼希皮里的情緒。這時候，尤尼希皮里就會非常受傷地認爲：「我的媽媽不重視我。」

持續無視尤尼希皮里會發生什麼事呢？

如果持續無視尤尼希皮里「我累了，想要休息」的聲音，會發生什麼事呢？尤尼希皮里會無法帶給你記憶，也就是說，你將失去清理的機會。就結果來說，會影響我們的健康。尤尼希皮里掌握身體，當尤尼希皮里毫無作爲，身體也就毫無防備。最後，身體會被壓力擊垮，罹患憂鬱症或其他疾病。

要和尤尼希皮里建立良好的關係，必須隨時留意尤尼希皮里的聲音，也就是自己的情緒，並加以清理。當尤尼希皮里說「我好累」，你就不能控制尤尼希皮里：「現在不能休息。」要認同尤尼希皮里：「嗯，你一定很累吧！」接著說：「謝謝你。我愛你。」爲尤尼希皮里清理。

蒙米拉妮博士，Wave Media LLC 現任 CEO，音樂教材作者。以主任教授的身分，在聖地牙哥梅薩學院負責音樂理論、聽覺發達教育等課程。一九八三年，於夏威夷學習「荷歐波諾波諾回歸自性法」（SITH），爾後為 SITH 創始者莫兒娜女士服務，自一九八五年起，在首席講師修．藍博士下，指導了五十多個的班級。一九九七至二〇〇〇年，擔任加州區負責人。二十九年來，指導的班級超過五百個。蒙米拉妮博士在人生各式各樣的場合活用荷歐波諾波諾，其教師生涯及企業表現，都是因實踐荷歐波諾波諾而成就。

清理之後，你或許會覺得自己需要休養，也或許會覺得不再疲倦而很有精神。不一定，就看神聖的存在爲你帶來什麼樣的靈感。

尤尼希皮里現在情緒如何？如果可能，請隨時確認。確認尤尼希皮里是否受傷、開心或被愛，確認你是否有自覺。

爲什麼呢？因爲尤尼希皮里會透過情緒呈現在我們面前。喜悅、悲傷、恐懼……聚焦於自己的情緒、感覺，並加以處理。這就是愛護尤尼希皮里的方法。

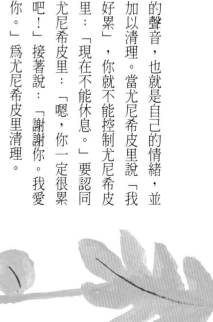

只要與尤尼希皮里連結，現實就會產生驚人的改變！發揮一己之長，快樂度過人生

只要做自己，事情就會順利

與尤尼希皮里建立良好的關係，清理會變得順利，尤哈尼認知的現實也會產生改變。

清理之後，當記憶變得越來越輕，自然就能與神聖的存在產生連結。所有事物皆順流而行，我們能夠呈現眞正的自己，進而誠實地做自己。這樣一來，我們不但能夠發揮所長，對於人生的願景也會變得更加明確。

神聖的存在將透過你呈現出來，邂逅的人會感受到你的美好，而你也能感受到神聖的存在透過對方呈現出來的部分。最重要的是，你的生活會變得很輕鬆。

一位正在求職的女性告訴我一件事。她過去在面試前都沒有清理，遲遲沒有被錄取；但自從她養成「先清理再面試」的習慣，便感覺順利許多。

我認爲這件事告訴我們，重要的不是對方如何看待我們，而是我們能不能做自己。

在不知不覺間，尤尼希皮里會開始自動清理

然而，希望各位不要搞混了。回應尤尼希皮里的聲音，與依照眞實的想法而活，是完全不同的兩件事。因爲尤尼希皮里說：「我不喜歡！」你就說：「好，那我放棄。」這並不是與尤尼希皮里相處的正確方式。此外，當尤尼希皮里因爲遇到討厭的事而覺得生氣時，也不能任憑怒意持續。

或許有人會說：「我順從尤尼希皮里的聲音，決定離婚。」「我要辭職。」但這些眞的是清理之後獲得的靈感嗎？

的確，或許尤尼希皮里眞的說了：「我不喜歡！」但尤哈尼在現實生活裡做了什麼選擇，對尤尼希皮里來說，其實並不重要。

尤尼希皮里只是想和尤哈尼一起清理，而不是希望離婚。

我有一個女兒。在她還小的時候，我們經常一起購物、打掃，當我開口問她：「跟媽媽一起洗碗，好嗎？」她也會很開心地協助我。

尤尼希皮里也是如此。尤尼希皮里不會希望尤哈尼爲他做些什麼，只是喜歡總是陪伴在他身旁、愛護它的尤哈尼。

當尤尼希皮里生氣，要認同尤尼希皮里的感情並加以清理：「謝謝你讓我看見你的怒意，我愛你。」尤尼希皮里呈現的每個記憶，尤哈尼都要一一清理：「我會負起責任，沒關係的。」如果尤尼希皮里不再呈現記憶，尤哈尼也就無從清理。因此，重點在於無論發生什麼事，都要說：「我們一起清理吧。」

這樣一來，尤尼希皮里就會信任你，認爲「發生任何問題，只要清理就好！」久而久之，尤尼希皮里就會開始自動清理。

尤尼希皮里和尤哈尼的關係就像母子，尤尼希皮里希望能一直和尤哈尼在一起。

在這世界上，要以自己為最優先！

和尤尼希皮里相處，是指相信自己、愛自己。這非常美好，但有時候人會對「愛自己」這件事感到抗拒，而無法好好與尤尼希皮里交流。「愛護尤尼希皮里，生活以自己爲主」會讓這樣的人感到罪惡。

其中絕大多數都是女性。女性會盡全力照顧家人，而忘了照顧自己。或許女性認爲重視自己的感情，是種任性的行爲。

不過，愛自己是在對神聖的存在表達敬意。在這世界上，要以自己爲最優先。如果把自己的優先順序擺在後頭，世界就會失去平衡。這才是最傲慢的事。

犧牲自我的生活方式，說到底也只是重播的記憶。如果對做自己感到抗拒，只要說：「謝謝你讓我知道這件事，尤尼希皮里。」進行清理，就可以放手。

龐大的「記憶」足以掩埋整個日本

即使持續清理，也有可能會遲遲感覺不到效果。比如說討厭某個主管，於是清理「討厭」的情緒。然而不管怎麼清理，還是很討厭主管。這時候有些人會擔心：「是不是我的清理方式錯了？」

不過，「主管很討厭」這個記憶或許伴隨著一千個以上的記憶。我們的記憶十分龐大，足以掩埋整個東京，不，是整個日本。如此龐大的記憶不可能一口氣清理完，我們能做的，就是不斷清理尤尼希皮里交給我們的記憶，也就是浮上表面的記憶。

如此龐大的記憶可能會讓人覺得不安，「即使我清理了，還是得面對一堆問題嗎？」或許表面上沒有改變，不過請放心，只要清理一個記憶，宇宙就輕一些。就算看起來沒有改變，宇宙還是確實有在變化。這個恩惠是無限的。

意識金字塔圖
（參考第十頁）

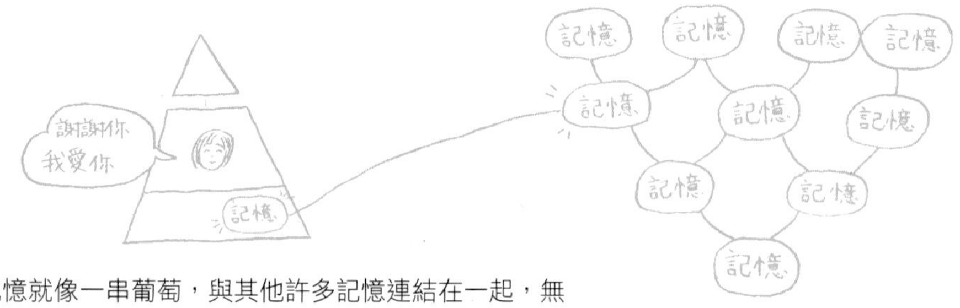

記憶就像一串葡萄，與其他許多記憶連結在一起，無法一口氣清理完畢。就算表面上看起來沒有任何變化，宇宙還是確實在減輕。請不要放棄，持續清理吧！

你製造了一座名為「記憶」的垃圾山

此外，面對這座名為「記憶」的垃圾山，你必須負責。因為那些記憶之所以存在，是因為從世界開始到現在的這段時間裡，你在某處製造了那些體驗。

或許不是清理了就不會發生問題，因為想要除消問題而進行清理，也可能無法如願。不過，只要抱著「垃圾一個個減輕」的心情進行清理，靈魂就會進化，進而回到完整的狀態。

這裡要請各位注意的是，請不要把「必須負責」這句話解釋成「問題之所以發生，是我的責任」。

的確，遭遇困難時，困難是因你的記憶而起，必須清理。因爲自己要負責，所以不能譴責、怪罪任何人。

然而倘若鄰居的小孩粗魯至極，讓你的小孩受傷了。你會生氣：「那個小孩，還有那個小孩的父母都太過分了。」

這個反應之所以會產生，是因爲你與那對親子共同擁有與暴力有關的記憶。如果你沒有任何情緒，就不是你應該要消除的記憶。也就是說，因爲記憶有所連結，你才會有反應，所以你必須負責。

最好不要看晚間新聞

不僅如此，假設你在晚間新聞看見駭人案件，覺得「眞是太差勁了！」而心情沉重。這時候如果不清理，記憶就會增加。

看新聞時，表達自己的意見與評斷「我喜歡這個人」「這個人是壞人」，也會使記憶增加。

這裡必須負責的是，產生了「差勁！」的反應、評斷了「這個人是好人或壞人」，以及沒有清理這些情緒。

或許「發生任何事情，都要負起百分之百的責任」感覺是非常大的負擔，但必須負責的不是引發戰爭的部分，而是聽見戰爭發生覺得絕望、悲傷等反應。看見什麼事，有什麼反應——這些你必須負責。

莫兒娜女士（參考第九頁）也曾經說，如果你不清理，最好不要看晚間新聞。只要在你清理後，靈感告訴你「應該要看新聞」的時候看就可以了。

我自己也是只有通勤的時候會聽廣播新聞，幾乎從來不看電視新聞。持續清理，我就不會看見我不需要知道的資訊，而且尤尼希皮里了解所有我需要的事物。

龐大的記憶是垃圾山——只要一一清理，靈魂就會進化

別被爆炸的資訊左右
深切感受到自己能夠活得有價值的幸福

香川繪馬小姐

尤尼希皮里選擇的，就是最適合你的

我平常總是和尤尼希皮里在一起。和尤尼希皮里說話、和尤尼希皮里玩耍，和尤尼希皮里討論許多事情。

每天穿的衣服，我也是和尤尼希皮里一起決定。首先，我會清理那天的行程，接著詢問尤尼希皮里：「想穿什麼呢？」尤尼希皮里的選擇是自由的，不會受到「我穿粉紅色的衣服，看起來氣色比較好」等判斷影響。即使如此，尤尼希皮里還是會爲我選擇最適合的衣服。

衣服、飲食、工作……與尤尼希皮里溝通過後，總是能做出最適合我的選擇。自從我和尤尼希皮里產生連結，我感覺到只有我眞正需要的事物，會出現在我眼前。一切都能順流而行，這都是託尤尼希皮里的福。我非常感恩。

然而，我並不覺得「尤尼希皮里在我身邊，我眞是幸運」。最近我發現和尤尼希皮里相處，就像跟人來往。如果尤尼希皮里對我說話，我卻充耳不聞，一味地要求「幫我清理」「幫我選擇適合我的事物」，是很失禮的事。尤其是忽略尤尼希皮里的聲音，會讓尤尼希皮里非常悲傷。所以我決定全心全意傾聽尤尼希皮里的聲音。

接受尤尼希皮里原本的面貌

第一次接觸荷歐波諾波諾的人，或許會想只要清理，就可以看見尤尼希皮里的身影，或者以爲幫尤尼希皮里取名、愛護尤尼希皮里，尤尼希皮里就會爲自己帶來好運……事實上有些不同。我也不是因爲清理就突然看見尤尼希皮里，而且立刻就能與尤尼希皮里對話。

自從我知道尤尼希皮里的存在，我就想：「原本尤尼希皮里一直在我心裡，只是總是被忽略。」並不斷向尤尼希皮里道歉：「對不起，我之前都沒有注意到。」後來我才終於能感覺到尤尼希皮里。當我第一次感覺到尤尼希皮里，我就像與初次見面的人接觸般，很有禮貌地說：「你好，請多多指教。」

詢問尤尼希皮里名字的時候也是，「如果方便，能不能告訴我你的名字？如果你不想說也沒關係。」全部依照尤尼希皮里的步調，就像我們不會唐突地問初次見面的人：「你叫什麼名字？」一樣。

後來我持續清理，尤尼希皮里就悄悄地把名字告訴了我。一直到現在，我都會用那個名字稱呼尤尼希皮里。

話雖如此，但尤尼希皮里沒有固定的形式，或許有些尤尼希皮里就是沒有名字，有些尤尼希皮里就是不會說話。

這時候，也請不要煩惱：「他什麼時候才會告訴我名字呢？」「爲什麼我的尤尼希皮里不會說話呢？」只要接受尤尼希皮里原本的面貌就好。我的尤尼希皮里和你的尤尼希皮里，跟小孩應該要一歲開始走路，還是一歲三個月開始走路，一點關係也沒有。

此外，有些人會想要知道尤尼希皮里是男是女、長什麼樣子……然而，當我生小孩，無論小孩是男、是女，都是我無可取代的小孩，絕對不會有「和我想像

繪馬小姐的包包裡總是放著清理工具。從左上開始是裝著藍色太陽水的保特瓶、噴霧瓶，還有貼在智慧型手機上，用來避開電磁波的 Ceeport 貼紙與胸章。

的不一樣，所以我不愛」的情形。不拘泥性別與姿態，只要抱持「如果和尤尼希皮里產生連結，那就太好了」的心情，相信尤尼希皮里也會覺得很高興。

我的價值觀被徹底修正了

我打從心底感謝自己能夠認識尤尼希皮里。如果我不認識尤尼希皮里，我想我的人生不會是自己的，而是被四周的資訊牽著鼻子走。

比如說購物，我如果以「這個現在很流行」「這個品牌很有名」等價值觀來做選擇，這些價值觀就不是屬於我的，而是電視、雜誌的價值觀。即使不適合我，我還是會因爲現在流行而毫不猶豫地掏出腰包……我想我之前的人生正是如此。

現在就算我只是要買一件T恤，我也會清理。清理「想買T恤」這個念頭之後，或許尤尼希皮里會幫我選擇適合自己的，或許我會覺得其實沒有必要買。如果沒有想買的商品，也可以事先跟尤尼希皮里說：「如果有好的商品，記得跟我說哦。」

「三十歲前一定要結婚」「女生就應該選擇粉紅色」等，也屬於來自四周的資訊。當你因爲覺得說「你三十歲前一定要結婚」的爸媽很煩人而變得著急，就如同在對尤尼希皮里說：「三十歲前一定要結婚。」等於你也讓尤尼希皮里覺得煩人，說不定尤尼希皮里根本就不想結婚。

所以，接收到每個資訊都要清理。就我的情況來說，清理資訊讓我的價值觀被徹底修正了。

工作方面，我也不斷清理。雖然四周的人認爲「上雜誌之後就要上電視！」但我一直覺得自己與這樣的氛圍有些格格不入。不過一直到我開始清理工作，我才終於完全擺脫這種價值觀。現在我也開始從事寫文章等自己真正想做的工作。

然而，四周的人似乎無法理解我和尤尼希皮里的關係（笑）我去年結婚了，丈夫是個現實主義者，只相信能夠親眼看見的事物。當我說：「今天尤尼希皮里告訴我一件事。」他都會非常驚訝。所以就算心裡覺得寂寞，我還是沒有勉強他理解荷歐波諾波諾。

經常有人說我：「繪馬眞是奇怪。」雖然我對四周的人、對丈夫說的話都是眞的，大家卻都不能理解。這是我的悲傷，也是尤尼希皮里的悲傷，所以我很努力地清理了這個部分。

結果，我在出乎意料之外的地方獲得丈夫的認同。起因是經紀公司的部長突然對荷歐波諾波諾產生興趣並開始實踐，而那位部長某天在丈夫面前興致勃勃地對我說：「繪馬，荷歐波諾波諾眞的很好耶！」獲得公司主管的稱讚，讓丈夫的態度有了轉變，而漸漸變得願意跟我討論荷歐波諾波諾。

如果當時我想盡辦法說服丈夫、改變丈夫，或許我們永遠都無法自在地討論荷歐波諾波諾。

這件事讓我深深體悟到修・藍博士說的那句「一切都要清理」。

最快的捷徑 就是腳踏實地的清理

我每天都會清理所有雙手接觸到的事物。雖然聽起來很困難，其實只是說「冰藍」「我的平靜」，或者喝藍色太陽水而已。如果眞的沒有時間，也可以拜託尤尼希皮里。

不過能不能感受到變化，我想是因人而異。我上過幾次修・藍博士、KR女士的課，但深刻理解清理與尤尼希皮里，還是得花不少時間。

如果用算數來比喻荷歐波諾波諾，清理的第一步就是加法，要從一加一開始，一直記到九十九……如果我現在算是在學加法，那麼修・藍博士、KR女士應該是因式分解的程度吧。（笑）

或許各位會想：「我想馬上見到尤尼希皮里！」「我也想體驗奇蹟！」但我們只能腳踏實地地清理，這是最快的捷徑。

香川繪馬，本名為前越繪馬。
一九八二年三月三十日出生於鹿兒島縣。以日本首位美妝雜誌專屬模特兒的身分，於講談社 VoCE 雜誌活躍六年。二〇一一年結婚。婚後仍在日本美妝模特兒界具有影響力。除了荷歐波諾波諾，在生機飲食、紅酒、園藝方面也有很深的造詣。

第四章　十二則體驗者的感想！

荷歐波諾波諾改變了我們的人生

人活著，會面對許多問題，如疾病、債務、不睦、懷才不遇等。
越是著急想要解決問題，情況只會持續惡化。
不過，相信看到這裡的讀者，已經知道如何解決問題。
沒錯，就是荷歐波諾波諾。
從體驗者的感想中，
各位一定能找到解決問題的提示。

清理故事 01

石川真樹夫醫師

醫療法人聖岡會新逗子診所理事長

難以治療的心病
藉由身為醫師的我進行清理而迅速痊癒

各位知道「荷歐波諾波諾」的時候，想法是什麼？我想就算有人說「無法輕易相信」也不奇怪。就我而言，如果我沒有身為醫師的知識、親眼目睹人的生死與接觸生命神祕之處的經驗，我想我也得花很長一段時間才能確實了解。

在接觸荷歐波諾波諾之前，我曾經學習不少東洋醫學與靈性療法，包括飲食養生、自然療法、斯坦納（二十世紀初奧地利神祕思想家）主張的醫學等。

這些乍看之下天馬行空的方法，卻讓我心有戚戚焉

自從我二十六歲成為醫師以來，我就希望能為患者的疾病治療稍微盡些心力，更為了拯救罹患癌症等重大疾病的患者，摸索了各式各樣的方法。一直到我四十二歲，只要是後天造成的身體疾患，包括癌症，幾乎所有疾病都有可能痊癒。

話雖如此，我還是每天都在與難以痊癒的疾病奮戰，尤其是解離型疾患、感覺統合失調症、自殘行為等心理疾病。我在一直無法找到充分治療方法的情況下，邁向四十歲後半。

就在此時，我得知「夏威夷州立醫院的奇蹟」（參考十三頁），於二〇〇七年接受修·藍博士的課程。「對不起」「請原諒我」「謝謝你」「我愛你」四句話、放開記憶……這些乍看之下天馬行空的方法，卻讓我心有戚戚焉。

我念高中的時候，學過榮格心理學（瑞士精神科醫師卡爾·古斯塔夫·榮格創始的深層心理學理論）。在榮格心理學裡，有「影子」的概念。每個人除了表面的人格，心裡都有一個如影子般的存在，認為「我絕對不是這種人」。

我一下子就明白了，影子等於尤尼希皮里（潛意識），並立刻認同修·藍博士說的：「跟尤尼希皮里對話。」

此外，基於接觸大量患者的經驗，我原本就知道「製造痛苦的，都是當事者本人」。對痛苦感到恐懼的患者會心想「我不希望變成這樣」而凝視著特定的事物。這樣一來，他們就會發現許多一般生活不會發現的、令人討厭的小事。

就結果來說，是因為他們不希望這樣，才一手製造了讓自己恐懼的事物。這種恐懼的心理也可以說是某種妄想，是非常強烈的執著。我後來才知道，這種強烈的執著就是「記憶」。

此外，我原本就會使用「巴哈花精」（一種使用百分之百花瓣萃取精華的自然療法，能夠療

石川真樹夫

一九六二年出生。在神奈川縣逗子市的無病床診所，主持內科、小兒科、心臟內科、精神科與放射線科的綜合內科醫師。從「『想法』與『飲食』是健康與疾病的基礎，取得『陰陽平衡』與『消除身心所有異物』是疾病痊癒的關鍵」的立場，主張結合「巴哈花精」「粗茶淡飯」與「實踐荷歐波諾波諾」的統合醫療。目標是確立以全人價值觀為基礎的醫學。

http://www.iryouhouzin-seikoukai.com/shinzushi/index.html

癒人類的情緒）進行治療。因爲確實有效，因此我一直認爲存在於自然界的植物，會以肉眼看不見的方式爲同屬自然界的人類解毒。透過人類情緒與植物的關係，我相信人類的內側與外側是沒有界線的。

有了上述觀念後，再聆聽修．藍博士的說法，就能理解博士爲什麼說人類之間的關係不分彼此。

只要療癒我的尤尼希皮里，患者的痛苦就會昇華

之後，我總是在心裡說四句話。我也使用當時學到的清理工具，培養每天清理的習慣。

於是在二〇〇八年，發生了現代醫學無法想像的「奇蹟」。有位情況難以改善的心理疾病患者幾乎痊癒了——這件事無法用醫學常識解釋。之後，我也成功讓許多患者痊癒。

診療時，尤尼希皮里會幫助我。我總是在心裡想著：「謝謝你讓我聆聽你的痛苦，給我清理的機會。」之後我的尤尼希皮里就會開始與患者的尤尼希皮里溝通，讓我知道患者不好的地方、痛苦的部分。

我了解「患者痛苦，都是我的責任」，透過療癒我的尤尼希皮里，讓患者的痛苦昇華，也就是一心一意地清理。

由於心靈與身體是連動的，只要心靈恢復零的狀態，身體也有可能恢復。只要想想清理的作用，就會覺得痊癒不是奇蹟，而是必然的結果。

清理故事 02

平良愛綾小姐

荷歐波諾波諾亞洲辦事處

只要改變和尤尼希皮里的關係，全部都會改變　邁向因荷歐波諾波諾而圓滿的人生！

二十三歲時，我在某企業擔任公關工作。現在回想起來，我當時的自我意識過於強烈，總是「希望自己看起來頭腦很好」「妝容、服裝都要完美才行」。明明自己的個性很溫和，卻要以嚴肅的態度扮演「女強人」。即使連續好幾天加班到深夜也無所謂，所以我總是覺得疲倦而厭煩。

此時，家母（荷歐波諾波諾亞洲辦事處代表平良貝蒂女士）突然變得足不出戶。家母是個「講座迷」，向來非常積極地參加自我啓發、靈性課程等講座。我想那是因爲家母想要解決存在於我們家的許多問題。

打從我懂事以來，也在家母帶領下參加了各式各樣的講座。雖然我學到很多事物，但長大之後，我卻對靈性抱持強烈的猜疑心。

家母也是如此，我想她一定感到絕望：「到頭來，無論我做什麼，都無法得救。」我明明知道家母的心靈出現危機，卻還是以工作忙碌爲由，視而不見。

修．藍博士和我以往認識的所有「老師」不同

家母足不出戶半年後，突然去了洛杉磯一趟。回來之後，她問我：「我要從夏威夷請老師來辦

講座，你可以幫我嗎？」那位老師，就是修．藍博士。

對於長期無法出門的家母變得如此神采奕奕，我非常驚訝，也開始好奇那位老師究竟是何方神聖，因此決定參加講座。修．藍博士和我以往認識的所有「老師」不同。這不是說他擁有吸引所有參加者的明星氣勢，或是炒熱會場氣氛的說話技巧。他說話的語調很沉穩，卻能深深打動人心。

當時我問了修．藍博士一個問題：

「如果清理之後，變得一點問題也沒有，有趣而讓人興奮的事情是不是也會消失？完全沒有刺激的人生不是很無聊嗎？」

修．藍博士走到我身邊，悠悠地回答：

「你現在看見的事物，再怎麼快樂，都只是記憶而已。當你回到零的狀態，就會看見你眞正想看見的事物。那是你眞正的美，比至今的一切都要快樂。」

這句話重重地打中我的心。我不再抵抗，決定試著清理看看。

與採訪團隊在KR女士所有的夏威夷海灘拍攝紀念照片。愛綾小姐當時撿了結著果實的椰子樹枝說：「我要帶回日本，用來裝飾辦事處！」

工作出錯，就責備自己「我真是個笨蛋！」

事實上，當時我因爲工作壓力導致情緒很不穩定，體重也急速減輕。此外，我的男友個性冷淡，我完全沒有「被愛」的感覺。

清理之後，我發現尤尼希皮里與所有問題有關。人際關係方面的困擾，也是尤尼希皮里呈現出來的。

我是那種工作出錯就會徹底責備自己「我眞是個笨蛋！一點用也沒有！」的類型。責備自己，等於責備尤尼希皮里。那簡直就像是在虐待小孩，因此我決定不再逼迫自己。

之後很自然地，我開始對工作產生疑問：「這眞的是我想要做的工作嗎？」才終於能夠傾聽尤尼希皮里說「不！我不想要做這種工作！」的聲音。

尤尼希皮里非常努力想要得到我的愛

不僅如此，雖然我非常努力，想要得到男友的愛，對方卻變得越來越冷淡。修．藍博士不曉得男友和我的關係，卻對當時心力交瘁的我說：「你渴望從對方那裡得到的，就是尤尼希皮里渴望從你這裡得到的。」

也就是說，尤尼希皮里非常努力，想要得到我的愛。

恢復「零」的狀態時
你將會看見
比至今一切都要快樂的事物

平良愛綾
一九八三年出生於東京都。明治學院大學文學部畢業。每天都在清理。著有《阿羅哈！ Aloha：我在修．藍博士身邊學到的清理話語》，譯有《零極限的美好生活》（日文版）。FB專頁：「零極限 -SITH 荷歐波諾波諾 - 台灣」

我很乾脆地不再將注意力放在男友身上。取而代之的是，我開始留意與尤尼希皮里的溝通。長期棄尤尼希皮里不顧的我，無法看見尤尼希皮里的姿態。不過，光是了解「原來尤尼希皮里在我心裡」，就讓我和男友的關係產生很大的不同。

男友態度突然有了一百八十度的轉變，他像是變了個人似的，變得很溫柔，甚至願意爲我付出愛情。

和尤尼希皮里的關係改變，和第三者的關係也會跟著改變——這件事讓我深刻感受到此一事實。然而這不是說只要清理，變愛就會順利。

湧上心頭的所有情緒都要清理！

事實上，我和那個男友後來在好聚好散的情況下分手了。他跟我交往時，工作遭遇許多困難；分手後，卻在工作上大有斬獲。對我而言，這件事非常值得高興，因爲那是我長久以來想要看到的。我現在跟他還是有連絡，我可以感受到眞心的感謝與愛情。經過和平分手，我們都就此邁向不同的人生。

之後我有了新的男友，而我打從一開始就能感受到他的愛情與體貼。他溫柔、誠實而沉著，我們的關係十分穩定。

關於我現在的戀情，修．藍博士是這麼說的：「請持續清理。你一定是因爲過去曾經發生過什麼，現在才會認識他。」

談戀愛，很容易讓人遺忘尤尼希皮里。談戀愛時無論是誰，都會滿腦子想著對方的事。不過「見不到面好寂寞」「他都隔很久之後才回覆訊息」等情緒不用說，就連「好喜歡」的愛情也要清理。對湧上心頭的所有情緒說：「謝謝你，我愛你。」託荷歐波諾波諾的福，我和男友的關係越來越穩定了。

雖然我不是爲了在誰面前表現而努力，但最近有許多人稱讚我「你成熟了」「你變漂亮了」……從來沒有人對我這麼說過。只要改變和尤尼希皮里的關係，全部都會改變。這是我第一次感受到圓滿的人際關係。

愛綾小姐在 KR 女士的牧場，就像小孩一樣玩得不亦樂乎。實踐荷歐波諾波諾，讓愛綾小姐散發更多女性光芒。

清理故事 03

關家美由紀女士

五十七歲・家庭主婦・兵庫縣

不抱任何期待，專注清理就是！被宣告「只能再活兩天」卻如奇蹟般地痊癒

「你罹患的疾病是成人T細胞淋巴性白血病淋巴瘤，現代醫學無法治癒，死路一條。」

三年前，醫師突然跟我說我快死了。當時我只是因爲身體不舒服，到大學醫院就診，沒想到結果竟然是「死路一條」……

我立刻前往其他醫院就診，確認是否眞是如此，診斷結果一模一樣。「爲什麼是我？我比任何人都要注重健康啊。」絕望、悔恨、恐懼……當時的心情，筆墨難以形容。

之後，我的病情急速惡化。我在家裡等待住院的時候，右肺與胃長了拳頭大的腫瘤。腫瘤壓迫我的肺部，導致我呼吸困難，只好緊急住院。

此時的診斷結果是，我只剩兩天的壽命。因爲腫瘤壓迫肺部與氣管，「只能再活兩天」。

瀕臨死亡的我沒有其他選擇

外子爲躺在床上瀕臨死亡的我，朗讀了荷歐波諾波諾的書。我想他當時應該是處於「無能爲力，卻又坐立難安」的狀態。他朗讀了好幾次，而我也依照書裡寫的，不斷在心裡默唸：「冰藍、冰藍、冰藍……（※）」當我感受到對於死亡的恐懼，或者疼痛襲來，我就默唸：「冰藍。」瀕臨死亡的我，沒有其他選擇，只能不斷重複。

結果，我的病情比醫師預期的要好，我活過了那兩天，而且很快就可以接受抗癌藥物治療。之後發生的事情，可以用奇蹟來形容。

我第一次使用抗癌藥物，原本脹得像是放了一顆球般的胸腔隨即消腫。腫瘤變小了。原本醫師跟我說：「你很有可能腎衰竭，到時就要洗腎。」後來也沒有。

由於這種抗癌藥物治療出現戲劇般的效果，我三個月後便能接受骨髓移植手術。手術成功之後，我熬過術後痛苦的治療。在醫師宣判我的死期後，經過八個月，我生還了。

治療期間，外子和我都不斷實踐荷歐波諾波諾。外子準備了六個藍色玻璃瓶水，就這樣持續製作、持續飲用藍色太陽水。打掃、洗衣也使用藍色太陽水，他說：「如果什麼都不做，我就會想哭。」所以他每天都用藍色太陽水擦拭地板、牆壁，甚至是天花板。此外，據說他爲了清理「妻子生病」這個記憶，不斷地在心中默唸「對不起」「請原諒我」等四句話。

我必須控制飲食，所以不能喝藍色太陽水，但我洗臉、淋浴最後都會用藍色太陽水。我也將藍色太陽水放在噴霧瓶裡，用來噴床舖與窗簾。

我們不是抱持著「疾病會痊癒」的期待，因爲荷歐波諾波諾不是治療疾病的方法。我們只是一味清理。不過如果沒有這樣清理，我想治療也不會如此順利。

現在我的身體已經完全恢復，和外子一同擁有幸福的生活。如果我們的體驗能幫助那些飽受疾病折磨以及照顧病患的人，我們將感到至高無上的幸福。

※冰藍——具有清理效果的一句話，只要說出來，就是在清理。

※使用藍色太陽水的方法請參考三十一頁。

清理故事 **04**

中川華奈小姐

三十六歲・待業・東京都

讓罹患憂鬱症而想自殺的我產生「想要工作」的動力！我的人生有了一百八十度的轉變

我的成長背景很複雜，可能因爲這樣，我總是會選顛簸的人生路來走。

自幼雙親離異，我由祖母撫養長大。然而，祖母總是把「你如果不聽我的話，就會變得很慘！」這句話掛在嘴邊。我爲了逃離令人喘不過氣的生活，前往東京，進入東京理科大學就讀。不過我中途退學，最後是在早稻田大學取得學士學位。

雖然就一般人的角度來看，我擁有高學歷，但我卻沒有認真工作過。一畢業，我就爲了賭氣，開始在風化場所工作。

嚴重憂鬱症 光用藥物無法治療

我在二十歲出頭就罹患憂鬱症，在風化場所工作八年，情況更是日趨惡化。我想要自殺的念頭越來越強。我一次又一次地割腕，也數度因爲大量服藥而瀕臨死亡。

最後發現我屬於邊緣性人格障礙（※），就連精神科主治醫師都舉白旗表示：「你的憂鬱症，光是使用藥物無法治療。」

儘管我以往總是認爲——自己絕對無法擁有正常的人生，然而月刊《YUHOBIKA》改變了我。罹患憂鬱症十五年，氣力用盡的我開始對精神世界產生興趣。後來，我因爲二〇一一年十月號的《YUHOBIKA》認識荷歐波諾波諾，開始在每天晚上泡澡時，專注地在心裡說「對不起」「請原諒我」「謝謝你」「我愛你」。

讓人生重來 這件事和年齡無關！

當我重複說這四句話，我感覺到自己慢慢擺脫關於祖母的記憶、在風化場所那些不快樂的經驗……

我越來越想「做些什麼」，包括閱讀靈性書籍、在房間裡聆聽療癒音樂……就這樣，有一天我突然產生「想要工作」的動力。

三十六歲的憂鬱症患者，完全沒有工作經驗——我覺得自己要找到工作實在很困難，但現實發展卻超乎預期。

福利事務所的心理諮商師介紹我前往某個協助身心障礙者就業的機構。透過這個支援就業計畫，可以培養電腦、商管相關技能，而我透過公共衛生護理師正式提出申請。

以前的我絕對無法想像。現在我在這個機構學習電腦、英語、商務禮儀等知識，幾乎每天行程都排得滿滿的，但我十分努力。

此外，機構告訴我許多不能對外公開的徵人資訊，而且都是知名的大企業。這件事讓我很驚訝。

更讓我驚訝的是，今年春天機構竟然搬到我家附近！如此幸運的偶然，眞是讓人難以相信。我不禁認爲，我的潛意識正在全力協助我謀職。

我也努力精進英文能力，並以多益八百分爲目標，希望將來有一天能到紐約看看。清理之後，我就很自然而然地產生「想去紐約」的夢想。

清理記憶，全面信賴潛意識。荷歐波諾波諾讓我的人生產生一百八十度的轉變。我深切感受到讓人生重來這件事，和年齡無關。

※邊緣性人格障礙：好發於青春期與成年期，特徵大致有對自己與他人抱持不確定的印象、無法控制情緒與思考，以及衝動的自殘行爲等。亦稱爲邊緣性人格異常。

清理故事 05

淺田健吾先生（化名）

五十六歲・經商・東京都

對電腦、辦公桌、筆說：「謝謝你，我愛你。」公司脫離經營窘境而日趨穩定

二〇一〇年三月，我尊爲人生導師的老師驟逝。一想到自己再也見不到於公於私都很照顧我的重要人物……我就遲遲無法振作。那種失落與痛苦就像心裡破了一個大洞，讓我連續好幾個晚上睡不著。

在人生導師指引下開始實踐荷歐波諾波諾

失眠的情況持續了大約一星期吧，我感覺到過世的老師跟我說：「要說謝謝你。」這聽起來或許不可思議，但我認爲那的確是老師給我的訊息。我順從感覺，持續地說：「謝謝你。」慢慢地，我覺得心情越來越輕鬆了。

後來偶然在書店裡看到「荷歐波諾波諾」的書，我非常驚訝。因爲荷歐波諾波諾說的四句話裡，就有「謝謝你」這句話。此外，我想起老師生前曾經說過：「夏威夷有很厲害的人。」

我越看越驚訝，老師曾經告訴我：「正負零，那才是眞正的自己。」「不能成爲自己以外的自己。」而這些都是荷歐波諾波諾的教誨。

我這才知道，全部都相連在一起，全部都吻合。結果老師說的道理，和荷歐波諾波諾是一樣的。而且荷歐波諾波諾，只要自己一個人就能達到正負零的狀態。就這樣，我在種種指引下，開始實踐荷歐波諾波諾。

清理時，我使用了「對不起」「請原諒我」「謝謝你」「我愛你」四句話、藍色太陽水等許多工具。

由於我經營廣告公司，所以工作方面，我將客戶、員工的姓名、地址、出生年月日製作成表格，並加以清理。不僅如此，我還會對電腦、辦公桌、筆等用品說：「謝謝你，我愛你。」

業績成長 公司內部的氛圍也好轉

這幾年，公司的業績開始下滑。廣告業界很容易受到景氣影響，加上恩師驟逝，我陷入無法工作的狀態。

不過自從我開始清理公司，業績就開始成長，公司內部的氛圍也好轉。在不景氣的打擊下，公司也得以在不出現赤字的情況下度過難關。

金融海嘯過後，中小企業眞的很難生存。一想到這件事，我就覺得光是清理就能讓公司業績穩定，眞的可以說是非常幸運。

不過，這不代表只要實踐荷歐波諾波諾，經商就會成功。在荷歐波諾波諾裡，「想要賺大錢」這個念頭本身就要先清理（事實上，這是最困難的地方）。

我只是因爲想知道「人誕生是爲了什麼？」這個問題的答案而持續清理，最後業績成長而已。我不知道未來事情將如何發展，但我已經下定決心，每天都要持續清理。

荷歐波諾波諾的教誨，和恩師生前說的話相同。

清理故事 06

片野睦子小姐

三十六歲．待業．東京都

聽見潛意識的聲音而開始戒菸住在精神疾病病房裡的父親，病情出現戲劇化的好轉

「只要戒菸，就會有好事發生哦。」

二〇一一年七月，我在房間裡看著電視，突然聽見有人這麼對我說。由於我持續清理自己的潛意識，所以我立刻明白「那是尤尼希皮里的聲音」。

母親病危、父親住在精神科病房，家庭面臨崩潰邊緣

我心裡想著：「好事……會有什麼好事？」不過隔天還是到戒菸門診掛號了。二十一年來，我持續每天都抽一包菸。這麼喜歡抽菸的菸槍，終於開始戒菸了。

我在戒菸門診領了藥，就這樣開始戒菸。三個月後，發生了意想不到的事。

說實話，我的父親自二〇〇八年起便住進精神科病房。父親因腦溢血而留下後遺症，右腦無法正常運作，後來母親因病住院，父親便無法控制自己的情緒。

父親因暴怒而發狂、哭泣到癲癇發作……當母親病危，父親便住進精神科病房。即使在精神科病房，父親的情況仍然沒有好轉，一會兒用玻璃傷害自己，一會兒拒絕進食。不僅如此，當時我的父母人在北海道，但我在東京，整個家庭面臨崩潰邊緣。

此時，我認識了「荷歐波諾波諾」，於是開始持續清理。再怎麼煩惱、悲傷，也是無濟於事，所以我不斷地說著「對不起」「請原諒我」「謝謝你」「我愛你」。

三個月後，母親自病危狀態漸漸康復，父親的情緒也戲劇化地穩定下來。之後，母親住進療養院，父親則長期在精神科病房接受照顧——由醫院來照顧父母，讓我很放心。經濟方面的問題也獲得解決，我再也不需要擔心任何事情了。

位於偏僻地區的老家順利以開價售出！

爾後，我持續實踐荷歐波諾波諾。沒想到，之後發生的事真的超乎我的想像。

在我快要服用完三個月分量的戒菸藥時，竟然接獲醫院的通知——父親已經從精神科病房轉到內科病房了。我原本想，父親年事已高，或許這輩子都無法離開精神科病房了……沒想到竟然能恢復到這種程度，簡直就是奇蹟。我高興得不得了。

我立刻到北海道探視父親，沒想到又發生一件超乎我想像的事。父親竟然對我說：「你抽菸這件事，讓我好煩惱啊。」

這還是我初次聽聞父親擔心我抽菸的事。然而，我想尤尼希皮里一定早就知道了。從此，我終於徹底戒菸了。

有如奇蹟般的事，不僅如此。

由於父母都不住在老家，於是我們決定將房子出售。我對房子道歉：「因爲爸爸、媽媽都不會再回家了，無法好好照顧你，對不起。」並一一向房間致謝：「謝謝你以往的付出。」

老家位於空屋率很高的偏僻地區，我本來以爲很難售出，但我仍然持續清理房子、土地與仲介業者等相關的人、事、物。沒想到，恰巧有人願意以開價購買，就連仲介業者都說：「簡直是不敢相信。」

清理讓現在的我覺得好開心。我深切感受到，能夠在人生中認識荷歐波諾波諾，真的和中樂透沒有兩樣。

清理故事 07

松田翔子小姐

三十一歲・上班族・京都府

揮別二十九年的痛苦！消除對人的恐懼，以真正的自己輕鬆生活！

我從小就覺得寂寞，總是懷抱著「沒有人愛我」的想法。沒有人注意我。即使身邊有很多人，我還是覺得寂寞。我無法理解自己的內心爲何痛苦，就這樣長大了。

二十一歲的時候，我在一本書上讀到「年幼時的死別，會成爲內心的陰影」，才明白我之所以覺得寂寞，是因爲父親在我出生八個月後就離開人世。

我明明這麼努力 卻連一個朋友都沒有

然而，即使我知道原因也無法解決，我還是覺得活著很痛苦。和人來往，我總是在勉強自己。我用盡全力，希望其他人能夠愛我；我小心翼翼，希望其他人不要討厭我。可是我這麼努力，卻連一個親近的朋友都沒有。

相反的，由於我對待戀人時過於想要「撒嬌」「依賴」，希望戀人可以像父親一樣愛我，導致自己的情路走得一點也不順利。

二十九歲那年，我終於擺脫了這種痛苦，因爲我認識了「荷歐波諾波諾」。

我知道，心中懷抱的寂寞只不過是記憶的重播。了解這一點的我，對「父親的死亡造成內心陰影」這個體驗不斷說「對不起」「請原諒我」「謝謝你」「我愛你」四句話。

因此，當我不斷感受到痛苦的情緒，「我好寂寞」「好痛苦」「真希望有人在我身邊」甚至是「我不應該出生在這世上」……這些想法湧現時，我就會重複說四句話。

所謂尤尼希皮里 就是我湧現的情緒

慢慢的，即使我和人見面，我也不再因爲覺得「對方會不會討厭我？」而感到不安。當我發現，我已經消除對人的恐懼，能以真正的自己與人談話。

之後，我也開始照顧尤尼希皮里。「渴望被愛」的想法不需要向外求，我可以自己愛我的尤尼希皮里。比如說，當尤尼希皮里說：「好累哦。」我就會說：「眞的好累哦，等下來吃我們最喜歡的鬆餅哦。」

對我而言，尤尼希皮里就是我湧現的情緒。以前的我即使因爲工作而覺得「好累」，還是會不斷責備自己「你如果不加油，其他人就會討厭你！」因此反而所有事情都變成我痛苦的原因，工作也無法持久。

現在不一樣。我可以確實接受尤尼希皮里說的「好累」。就這樣，所有事情便開始好轉。

舉例來說，當尤尼希皮里覺得「我討厭這種工作」，我就會承認「眞的很討厭」，接著用四句話進行清理。之後我就會靈光一現「對了！」想到該怎麼做才能有效率地完成討厭的工作。不僅如此，有時候會突然覺得工作很開心、有時候會突然有人願意代替我去做。我想，這就是所謂的靈感吧。

現在即使我不特別努力、不特別小心，每天還是很開心，而且也交到許多能夠對彼此開誠布公的朋友。

消除對人的恐懼，開心地與朋友來往！

圖源©魅麗雜誌

特蒐！台灣實踐者心得分享

在我們的生活周遭，已有許多幸福見證。
這幾位台灣體驗者，都是運用荷歐波諾波諾，
讓人生有了全然一新的轉變。
一起來看看他們的故事，從中獲得感動與共鳴，
並和他們一樣，將此法落實於生活中，
解決問題，獲取幸福。

清理故事 **08**

賴佩霞小姐

魅麗雜誌發行人・身心靈老師・作家

接觸到荷歐波諾波諾的四句話 好像找到了這一生最受用的經文

小時候，幾乎每個人都在懵懂中成長。碰到不愉快，我們各自都有一套自己的方法去紓解壓力、解決問題，事情也就這樣一關一關地過了。直到一天，當人際關係，特別是親密關係出了問題，才可能認眞地想找出箇中受困的癥結，最好還能夠找到徹底解決的方案。

我的生命出了什麼差錯？誰該為我的不幸負責？

以我自己爲例，初期在學習心理學的時候，比較像是一種知識的累積，課後常常跟同學、朋友聊一些心理學論述，或作一些有趣的人性探討，年輕的性格中難免帶有一些不可一世的無知。直到婚姻出了狀況，才認眞地問自己，我的生命到底出了什麼差錯？誰誤了我？誰該爲我的不幸負責？

記得剛開始在課堂上，不管是老師或諮商師，我們經常被引導回頭觀看生命的過往，看看有什麼殘餘的心結、糾葛，甚至隱藏心靈深處的哀痛需要重整。我們會回想當時事發的地點，在專業人員的陪同之下，無論浮現什麼樣的心情或記憶，都被鼓勵回溯過往，以今日成熟的心態與眼光，爲那些過去未完成的事件做一些有建設性的修補。

遺憾越多 越無法建構完美人生

我們常常花上好幾個小時的鋪陳，重拾記憶裡的場景，將那些當初想做而沒有做的、想說而

沒有說的，重新再造一個可以面對的機會。然而，過程中最常出現的就是一些我們曾經關心、深愛過，曾經深感愧疚、遺憾，沒有機會道謝、道別，沒有得到原諒、寬恕的人的身影。

這些相互堆疊一起、沒有完整畫下句點的過往，默默影響著我們面對生命的態度。

遺憾越多，越不滿意自己，就越不可能爲自己建構一個完美的人生及未來。

荷歐波諾波諾代表誠意、感謝、愛與懺悔引領你朝著光亮前進

當我第一次接觸到《零極限》「荷歐波諾波諾」的四句「對不起」「謝謝你」「請原諒我」「我愛你」，我好像找到了我這一生最受用的經文。事實上，如果我們眞的捫心自問，不難發現，那些所有還教我們掛念的人、事、地、物，背後，都深藏著我們最想表達的四句話。

這四句話，代表了一個人最大的誠意、感謝、愛與懺悔。

我經常跟朋友分享，這四句話就像換檔一樣。當我們處在膠著、負面思維，深受其苦，找不到出口，當下最需要的是一個最強而有力的咒語；這四句話就像大海中的浮木，只要手一伸，只要想從痛苦的泥濘跳脫，只要意念一到，世界就會從地獄慢慢向上提升，你會感覺到一股力量，接捧著你朝往光亮的方向移去。

雖然事件會影響人離開的速度，然而「荷歐波諾波諾」是光、是釋懷、是謙卑、是愛，是擦拭我們的過往、現在跟未來的神蹟。只要願意輕喚，沉重的包袱會從肩膀滑落，讓人變得輕盈一些。

神力，在空氣中任人予取予求，只是，當人一固執起來，就會完全忘記它的魔法。請仔細觀察自己，當心靈啓動「對不起」「謝謝你」「請原諒我」「我愛你」的時候，心靈的變化如何？歡喜嗎？

幸福的你，別忘了繼續盡情分享，天堂之所以爲天堂，就是因爲那裡有著一群願意共同分享生命故事的好夥伴。

彭樹君小姐

作家・自由時報「花編副刊」與「閱讀樂讀」主編

宇宙在我之內
從「荷歐波諾波諾」得到奇妙的平靜

用這四句話來清理一切幫助我在工作及生活上獲得平靜

我的編輯工作使我每天都要處理許多讀者投稿，但錄取率很低，絕大部分稿件都必須退稿。我自己也是一個創作者，很瞭解那種作品完成之後期待被肯定的心情，因爲它們就像自己心靈的孩子，無論如何都是被自己珍愛的，換句話說，不會有人喜歡接到退稿的。偏偏我的工作又不得不寄出大量退稿函，怎麼辦呢？於是每退一篇稿子，我都會注視著投稿者的名字，然後在心裡默念那四句話：「對不起，請原諒我，謝謝你，我愛你。」藉著荷歐波諾波諾，我衷心感謝每一篇來稿，但願這些喜歡寫作的朋友就算接到退稿，也依然能繼續感受創作的快樂。我也相信這四句話能清理這其中或許存在的負面能量，雖然我無從知道這樣沉默的祝福，是否會讓那些收到退稿函的投稿者比較好過，但我自己卻能從中得到某種奇妙的平靜。

荷歐波諾波諾認爲，出現在我們生命中的每件事都是我們的責任，而我們應該爲此負起全部的責任。我喜歡這個說法，因爲如此一來，生命就是完全的自主，既然是我的責任，我才有機會去改變它們，否則我只能束手無策地旁觀。荷歐波諾波諾的教導是要人拿回生命的自主權，沒有人是環境與命運的受害者，所以沒什麼好抱怨的。而爲生命負責的方法再簡單不過，就是常在心中默念這四句話來清理一切，並與神性的源頭連結。

這四句話看似簡單，其實涵義無限，可以取代宗教概念。其中「謝謝你」是感恩，「我愛你」是慈悲，而前兩句「對不起，請原諒我」和佛家的懺悔、基督教的罪人，異曲同工，都是對無明之業表達悔意、請求寬恕，因爲你永遠不知道，自己在什麼時候、什麼狀態之下，無心傷害了什麼人，而基於回力鏢原理，所有的傷害都會回到自己身上來，所以必須清理那些負面能量。

塞車時運用荷歐波諾波諾堵塞的狀況就會漸漸暢通

每當開車在路上遇到塞車的時候，我就會開始默念這四句話，然後眼前堵塞的狀況就會漸漸暢通。爲什麼這麼奇妙？也許是因爲，這四句話本身就帶有令人平靜的力量，而內在感到平靜時，外在也就安然了。

「我就是這樣的我」這句話能讓自己充滿能量

荷歐波諾波諾另一樣自我清理的工具，是常常默念「我就是這樣的我」，也可以用英文「I Am The I」。

這句話像一個提醒，時時刻刻都要與自己和解。當我在心裡默念著這句話，從內心深處的某個地方，就會湧起一股奇妙的勇氣，感到喜悅與平靜，彷彿瞬間充滿能量，可以面對一切未知。

我就是這樣的我，我完全接納這個當下的我，我喜歡這個眞正的我，因爲我就是這樣的我。

愛與平靜由我開始，擴及世界，只要心中有愛，每個人都有改變世界的力量。

清理故事 10

鍾馨儀（Alice）小姐

公關及演員・UDN「零極限 Zero Limits」部落格格主
居住於美國加州

獲得首次全國性廣告的演出機會
療癒病痛的強大力量，令人難以置信

我在二〇〇九年讀了《零極限》這本書後，對「荷歐波諾波諾」的四句話療法產生了極大興趣。當我得知修・藍博士將在北加州及南加州舉辦工作坊，便決定先參加北加州那場，兩個月後再參加南加州的工作坊。

清理自己
工作與財富便自然而來

心念一轉動，連宇宙也興起一切人事物來幫忙。在我決定參加工作坊後，經紀人通知我有一個口香糖廣告的試鏡機會。當我一走進試鏡間，我便開始清理自己。我不斷在心裡對自己、製作人和房間反覆說「對不起、請原諒我、我愛你、謝謝你」。完成試鏡之後，我就沒再多想這件事。

幾天後，我的經紀人打電話給我，語氣很激動。她告訴我，我得到NBC（美國全國廣播電視）和網路的廣告，將在星期三和星期四拍攝。哇！這是我第一次拿到全國性的廣告！拍完廣告的星期四晚上，我登記參加在北加州的工作坊，也訂了機票，準備在星期六去參與工作坊。這過程簡直太完美了！後續幾個月中，廣告開始在全國各電視頻道不停播放。演出這支廣告的商業報酬，遠超過我參加所有工作坊的費用，而且還是當我演員之後，收入最多的一次呢。

員工的急性過敏症狀
竟然因為我而好轉

在我參加第一次的工作坊回來後，家裡出了一些狀況，電腦也中毒。我知道自己需要大清理。

我無法用電腦上網報名在南加州的第二場工作坊，只好打電話請修・藍博士的助手瓊幫忙，同時也請她提供給修・藍博士我的中文名字與英文名字，以便修・藍博士可以在課前幫我清理。

我到工作坊時，瓊告訴我，當她把我的中文名字提供給修・藍博士時，博士竟說他看到「蝦和龍」。瓊和我都不明白其中的含義。後來，修・藍博士說，我的名字有治療阿茲海默症和呼吸問題的力量。哇！我的名字竟有這種力量，而且不久後竟然印證了。

從工作坊回來後的第二天，我送東西到女婿的醫療中心辦公室。一進門，我就聽到一名員工迫切地大喊：「愛麗絲，快來幫我！」接著，她拉著我進入其中的一個治療室。她立即躺在床上，表情痛苦地告訴我，她正因誤食花生而起了過敏反應，呼吸很困難。

幾年前，我學過能量療法，但我需要她坐著，我才能把手放在脊椎的脈輪上。她躺在那裡，呼吸愈來愈困難，我知道我必須清理自己，便持續說著「對不起、請原諒我、謝謝你、我愛你」。接著，我突然記起修・藍博士說的，我的名字有治療呼吸問題的力量。我立刻請她反覆說出我的中文名字：「馨儀，馨儀，馨儀……」三分鐘後，她像沒事一般，起身告訴我她已經好了。我睜開眼睛，看她對著我微笑。簡直難以置信！

清理故事 11

林弘祥先生

《澳洲，一面玩一面拿碩士》作者

「派對救星」國際表演團隊創辦人

事業、財富與情感等好事接連發生 如願出版書籍，一圓作家夢

從二〇一一年底意外得到善心人士贈送《零極限》這本書開始，我每天用看似好笑的方式「清理」心靈，像是擺椰子在辦公桌招財、喝藍色太陽水、說神奇的四句話等。從此，我越來越覺得平靜與開心。

神奇魔法般的幸福生活 好事不斷，驚喜連連

漸漸地，從一開始每月只有幾千元收入（但是心情平靜愉悅）的貧窮日子，逐漸步上幸福人生的康莊大道。在這期間，發生了許多改變人生的好事：

1.意外接到台中一間公司老闆的電話，提早從台北換到喜愛的台中工作，得以享受中部陽光都市的美好。感謝這位老闆。

2.在台中工作時，意外接受電視台採訪，完成再次上電視的夢想；其後，也接受了親子雜誌的採訪。感謝記者朋友、我的表演老師，以及認為我不可能被媒體關注的長官——感謝生命中那些不看好你的逆境菩薩，他們會讓你更珍惜每一次的機會。

3.賺到一筆意外之財，因此放心辭掉朝九晚五的國外業務工作，專注在喜愛的「魔術表演」和「英語教學」事業。感謝介紹這個賺錢機會的朋友和合作夥伴。

4.教英文時遇見生命中的靈魂伴侶，從而讓每天的生活有更多的愛。感謝情人的出現。

5.因爲要當一個給女友幸福的男人，再次回到澳洲，意外在澳洲幫億萬富翁管理房子，同時得以串連人脈、累積不錯的經驗。雖然回國就把一些事業機會讓給他人，但這些經驗是別人拿不走的寶貴資產。

6.回國後順利出版一本分享澳洲求學、工作經驗的書——《澳洲，一面玩一面拿碩士》，實現作家夢，並受邀到好幾個單位演講，得到許多感謝的回饋。

7.接下來，遇到不錯的行銷老師和夥伴協助，在台灣創業、表演，一再創下新的事業高峰。

8.幸運找到適合自己的益生菌，因此困擾我多年的「鼻子過敏」幾乎痊癒，不再影響我的生活；因此，每次遇到新的機會（例如跨足主持領域）時，我更可以全力以赴。

9.順利完成老家、新家、租屋處等多個房間「住宅大改造」，把像是沒有靈魂的老房子改成許多訪客都稱讚的溫馨空間。

10.在台灣的北、中、南都設立了工作室，並陸續購置兩間房子，晉身有房一族。

荷歐波諾波諾是讓任何事都能順利的最簡單之法

也許「好運」只是個人的感覺，許多小小成就的背後，其實也有許多努力的汗水。但就像所有的算命或宗教，「你相信，它就靈驗」。我認爲「信仰」帶來的平靜，是「好運」和「努力」背後的推手。擁有能讓人平靜、愉快的信仰，做任何事都能更爲順利；而且這個信仰很簡單，只要持續在心中唸著「對不起、請原諒我、謝謝你、我愛你」即可，不花錢、不費力。感謝伴隨荷歐波諾波諾而來的好事。

感謝所有的人。

我的平靜。

清理故事 12

William, Melody, Erica, families & relatives

荷歐波諾波諾實行者

藉由不斷的清理，綑綁靈魂的思緒繩索不復存在

「荷歐波諾波諾回歸自性法」對我們來說是非常獨特的。在眾多問題解決法當中，此法專注於從內在解決一切外在問題，雖然在過去的古老資訊中也不乏此種角度的問題解決法，但是以現代語言精確描述具體可行方法的並不多。這是一個獨特、細膩、容易了解、簡單易行、足以讓我們脫離問題束縛的管道。

問題的根源來自於成見 清理內在，與問題和解

此法有幾個重點：首先就是去做它，從朗誦十二步驟法開始，進行ＨＡ呼吸、關照自我或內在小孩、閱讀基礎及工具手冊，到養成清理記憶與放下自我成見的習慣，將內心開放給靈感及生命所展現給我們的一切。讓下載至潛意識的這些清理工具，例如「我愛你」「謝謝你」「藍色太陽水」等，自動取代及化解內心不停生起的煩惱或記憶，就能讓煩惱漸漸遠離。

「荷歐波諾波諾回歸自性法」揭示了問題的根源來自於成見。因此，解決問題的方法，只需當事者內在不斷進行清理造成問題的記憶，或在內心進行自己與問題的和解來清理。具體的方法，就是在內心中實現「自己向讓自己感受到問題的人、事、時、地、物道歉並請求原諒，讓自己感受到問題的人、事、時、地、物接受道歉並原諒自己；讓自己感受到問題的人、事、時、地、物向自己道歉並請求原諒，自己接受道歉並原諒讓自己感受到問題的人、事、時、地、物」。

生命靈感與深層理解 不可思議地逐漸出現

在參與翻譯基礎及工具手冊的過程中，有機會反覆閱讀中英文手冊及持續進行ＨＡ呼吸，而體會到不斷實作所帶來的利益。進行ＨＡ呼吸時，如果在吸氣時專注吸取神性能量，那麼，我們如同死亡的生命就能慢慢甦醒過來，沉睡的靈魂就能逐漸清晰。在吐氣時，如果專注在吐出體內不需要的物質及廢物，那麼身體就會逐漸清明。

所以，完整的進行ＨＡ呼吸法，會讓我們的精神更好，補充我們在這個世界裡面所需要的神性能量。在繁瑣的日常生活中，可以用放在口袋裡的小紙條、戴在手腕上的手環，或是日常隨手可得的各種清理工具，提醒我們自己，在每一個問題生起時，立即清理。它們如同帶著能量的精靈一般，能陪伴與幫助內在小孩不斷清理。

此法符合現代人的需求，更容易成功解決日常的問題。當問題不再纏繞我們，自然而然逐漸遠去。隨著煩惱的消逝而放下與放鬆，在新問題出現時再次於內在進行清理與和解。

生命中的困境，在於我們經常以製造問題的記憶做爲基礎，尋求解決之道，殊不知這正是困境的由來。然而，不隨著面前的景象起舞，做到停止與放下，談何容易？與修·藍博士的相處，以及來自課程講師及資深前輩的訊息，讓我們接收到了這份訊息的真諦及向內看的重要性。清楚了解問題來自於內在而非外在，是解決問題的重要步驟，但時刻體悟及應用清理工具，則是實踐荷歐波諾波諾的過程。藉由不斷的清理，綑綁靈魂的思緒繩索不復存在，記憶脫鉤，靈感出現，真我將能起飛，如同飛馳原野之中，景色撲面而來，生命在眼前展現。

第五章　在全世界流傳的荷歐波諾波諾

在夏威夷聽見的奇蹟故事

在荷歐波諾波諾課程裡使用的標準守則，
目前已翻譯為十三種語言，
讓世上變得幸福的人們越來越多。
荷歐波諾波諾的起點是在私人住宅起居室裡舉辦的學習會。
而創造荷歐波諾波諾回歸自性法（ＳＩＴＨ）的莫兒娜女士，
究竟是位什麼樣的女性？
此外，了解荷歐波諾波諾回歸自性法創始期的人們，
又走過什麼樣的人生？

在全世界傳授荷歐波諾波諾的講師們

在夏威夷島舉辦的「基礎」課程。
睽違十五年後再度舉辦，
來自全世界的
荷歐波諾波諾講師與籌備人員，
齊聚一堂。整整兩天，
大家聆聽了修・藍博士的課程，
展露開朗的笑容。
現在，齊聚一堂的講師們，
在全世界傳授荷歐波諾波諾。

琴小姐
Jean Nakasato
梅莉小姐
Mary Koehler
尼羅先生
Nello Ceccon
卡洛琳小姐
Caroline Kawaianuenue Sayres
蒙米拉妮博士
Momilani Ramstrum

講師們齊聚一堂的珍貴合照。攝於在夏威夷科納舉辦的課程中。

懷伊雷娜小姐
Wai'ale'a Craven
米雪兒小姐
Michele Maika'I Raab
卡洛琳小姐
Caroline Alan
達娜小姐
Donna Ka'imana Clingaman
KR女士
Kamaile Rafaelovich
修・藍博士
Ihaleakala Hew Len
馬文先生
Marvin Grino

吊掛在高速公路的高架橋上！對汽車進行清理，讓兒子死裡逃生

寶拉・庫歐克・文小姐&喬納森・H・文先生

人人欽羨的理想伴侶。實踐荷歐波諾波諾後，兩人羈絆更深厚了。

從起居室開始的學習會 普及到全世界

我直接聆聽當時已經是夏威夷州寶的莫兒娜（參考第九頁）教授的荷歐波諾波諾，已經是三十年前的事情了。

當時的課程不像現在會借場地，大多是聚集約莫五名家庭主婦，在莫兒娜指導下進行清理。地點就在我家的起居室。因爲我的兩個小孩還小，必須交給丈夫照顧。

爾後，這個團體變得越來越大，也有了專屬的工作人員。從起居室開始的學習會，開始普及到全世界。

當我持續清理，靈感便從天而降，甚至發生如奇蹟般不可思議的事。這次，我要向各位讀者介紹發生在我人生中的兩個奇蹟。

還沒有決定居住地點 就先把房子賣了

我們總是說：「好想住在大房子裡。」可是壓根不知道該怎麼

做才好。

某天，有人跟我們說：「我想買你們的房子。」雖然我們還沒有決定之後的居住地點，還是先把房子賣了，因此我們擁有了一定程度的資金。

可是，因爲我們還沒有決定之後的居住地點，心裡當然不安。面對不安，我仍然持續清理。某天，丈夫說：「之前走的路在施工，我們換條路吧。」而選擇平常不會經過的路。

前進不久，我們看見有一棟大房子在出售。雖然符合我們的理想，但由於實在太大了，我們想那房子的價格絕對超出我們的預算。不過，我們還是決定就這樣帶著兩個小孩，去見一下屋主。

我們發現那房子沒有委託仲介，而是由屋主自己處理出售事宜。除了價格，屋主更希望能將房子賣給正確的人、會好好照顧房子的人。最後，屋主選擇把房子賣給我們。

如果我沒有持續清理，絕對不會發生這件事。如果我只是用腦袋想，應該也只能擔心吧。不過當我持續清理，自然就能讓狀況變得完美而正確。

明明發生重大事故 就算死了也不足為奇…… 卻毫髮無傷！

第二個奇蹟，發生在我的兒子遭遇事故的時候。當時兒子和朋友一同去海邊，回家途中開車因爲疲倦而打瞌睡，最後竟然在高速公路上衝到對向車道，就這樣從高架橋上摔落。雖然那是就算死了也不足爲奇的重大事故，但高架橋下恰巧有塊大木頭，就像包覆般撐住兒子的車。因此，所幸兒子幾乎毫髮無傷，朋友也是。

我從小就教導兩個小孩：「所有物品都有意識，所以要清理。」我想，這是我們清理汽車的結果。

丈夫開始實踐荷歐波諾波諾，就時間來說晚我許多。他似乎是一邊照顧小孩一邊看我們清理，慢慢覺得：「我也來參加課程吧。」

再怎麼和睦的感情
偶爾也會意見相左。
那正是清理的好時機！

寶拉・庫歐克・文：在莫兒娜女士與修・藍博士身邊學習荷歐波諾波諾超過二十五年的時間，並在歐胡島擔任講師。此外，亦從事兒童福利、看護等社會福利活動。
喬納森・H・文：出生、成長於檀香山。在莫兒娜女士身邊學習荷歐波諾波諾二十多年。夏威夷州立法院裁判制度管理員。工作、家庭、興趣、移動、睡眠等無時無刻，都在實踐荷歐波諾波諾。

我們原本就是感情和睦的夫妻。實踐荷歐波諾波諾後，我覺得兩人的羈絆更深厚了。

然而，再怎麼和睦的感情，偶爾也會意見相左，那正是清理的好時機。明白發生在我身上的事，百分之百是我的責任，並加以清理。無論是兩人一同開心度過、還是吵架的時候，都要清理。

我們也會清理房子、工作、汽車等。

此外，丈夫在法院的人事部門工作，他在職場也會清理。人事部門必須負責所有人的抱怨，但是無論大家對他說什麼，他都沒有反應，只是一味清理。

由於他都沒有反應，原本怒氣沖沖的人也會慢慢冷靜下來。他說，這樣非常輕鬆。聽說現在還有人只是爲了向他傾訴而專程前來。

熱中於念書、運動與社團，如天使般的小孩！被診斷罹患自閉症的孫子身上出現奇蹟！

康斯坦絲・佐格・伯納・韋伯小姐

一九八〇年首次在美國本土舉辦課程！

一九七五年，我因爲外子工作的關係，首次造訪夏威夷。

由於我研究心理學，因此計畫在造訪夏威夷期間前往夏威夷大學，調查替代醫療的先端技術。當我詢問導遊的意見，導遊介紹我去找一名卡胡那（夏威夷傳統治療師），那就是莫兒娜。

我提出了幾個問題，但是面對我流於表面的問題，莫兒娜的回答卻都十分深奧，當時我幾乎完全無法理解。不過，莫兒娜這個人的魅力吸引了我，因此我每次到夏威夷，都會去找莫兒娜。

莫兒娜前來美國本土，是在我們認識第五年發生的事。一九八〇年某天，人在費城的我接到莫兒娜的電話。

韋伯小姐與莫兒娜女士的相遇，成了荷歐波諾波諾在全世界發揚光大的契機。

「靜心時，我被告知要在美國本土教授荷歐波諾波諾。你可以幫我籌備課程嗎？」

儘管當時我和莫兒娜很親近，但我自己沒有學習過荷歐波諾波諾，荷歐波諾波諾在美國本土也不爲人知。

不過，我有兩位在精神世界具有強大網絡的朋友。在兩位朋友幫忙下，課程募集到兩百名學員。這就是美國本土的首次課程。

莫兒娜身材嬌小，只有一百五十公分，總是輕聲細語，給人非常溫柔的印象。包括我在內，所有參與課程的人都深切感受到莫兒娜說的是眞理，並且立刻開始清理。

當我開始清理，我的人生產生了巨大的改變。不僅如此，當時因參與課程而重獲新生的兩百人，就這樣讓越來越多人知道荷歐波諾波諾。現在世界各地的人都在實踐荷歐波諾波諾，但莫兒娜當時似乎就預知了這件事會發生。

「為什麼我的女兒和孫子會遭遇這種事！」

我從參與課程後便開始清理。一九八〇年到現在，已經三十二年了。

不過，人生不可能盡如人意。當我感覺自己清理的等級提升了，我的女兒生了一個男孩，那是我的第一個孫子。然而經過醫師診斷，那小孩罹患了自閉症。

打從出生起，我就感覺到「這小孩跟其他人不太一樣」。在他兩歲的時候，醫師宣告他是自閉症患者。

女兒自醫院返回家中後，一整個晚上都在網路上搜尋自閉症的資訊。好的醫院、好的治療、好的治療師……一整個晚上都在調查。

我希望盡可能爲女兒提供意見，同時我也覺得「我清理了這麼久，爲什麼我的女兒和孫子會遭遇這種事！」

不過，修・藍博士阻止了我。「不能提供任何意見。」他說：「你什麼都不要說，專注清理就是。」「只要清理，之後自然會到好的醫院去，遇見好的治療師。」

我對女兒及身邊所有人什麼也沒說，只是持續清理。當我出現「爲什麼」的想法，我也會清理。

康斯坦絲・佐格・伯納・韋伯：在莫兒娜女士身邊學習荷歐波諾波諾，為美國本土講師之一。持續清理了三十多年，並參與 SITH 本部的經營工作。在結婚、育兒、孫子誕生等人生所有過程實踐荷歐波諾波諾。

「這小孩就是自閉症。」「為什麼?!」我持續清理了好幾年

過了好幾年，情況完全沒有改善。然而我還是持續清理，就連每次我覺得「我都已經清理了這麼久！」的時候，我也會清理。

在轉入的學校奇蹟發生了

我的孫子罹患了自閉症。當醫師如此宣告，其他人都會帶著有色眼光對待孫子。後來，女兒對學校的處理方式感到不滿，決定讓孫子轉學，而且是一間從來沒有收過自閉症學生的普通學校。

在那裡，奇蹟發生了。孫子開始出現顯著改變，他的行爲越來越沉著，幾乎和普通小孩沒有兩樣。

他變得很會念書，成績越來越好。除此之外，他也很享受運動，並開始參與社團。他變得很喜歡唱歌與漫畫。

他現在十二歲了，幾乎和普通的小孩無異。對我而言，他是個很棒的小孩。每當我看著金髮碧眼的他，我都覺得他就像是個天使。

沒錯，他原本就是完美的。當醫師診斷出自閉症，許多家長會覺得「一切都完了」。然而事情不是這樣的。希望各位可以清理這個想法，每個小孩都是完美的。

唯有透過清理，才能恢復歸零、完美的狀態，這就是荷歐波諾波諾。

莫兒娜於一九九二年過世，和她相處的時光如夢一般。莫兒娜就像我的姊姊，也像我的朋友、母親以及老師。

目前世界各地都在實踐荷歐波諾波諾，這讓我非常感恩。因爲只要有人清理，我的記憶也會被消除。

全心全意地清理，對宇宙的聲音說「好」問題陸續獲得解決

帕多里斯・朱利安&百合　伉儷

全部歸零 回到母國——法國

我在日本的法國大使館服務之後，開始經營法國料理餐廳。在一九九〇年代，我想要推廣法國料理的全新形象，而且日本也有這樣的需求。我寫了許多料理書籍，也參與了電視節目的錄影。

之後，我以隨筆作家的身分成立生活諮詢工作室，並從事咖啡廳、廚房等企畫工作。

二〇一〇年夏天，我讓全部歸零，和妻子百合兩個人回到法國。離開日本前，我處理掉自己的房子，拍賣所有家具、用品，包括我收集的盤子也全部出售。我們回到法國時，只帶著最低限度的物資。

帕多里斯先生因為修禪而對荷歐波諾波諾產生興趣。

對放開金錢這件事 能夠說「沒問題」？

自從我到日本後，開始到禪寺修禪。某天，我透過網路得知荷歐波諾波諾，由於荷歐波諾波諾和禪所講的「空」有許多共通點，所以我對荷歐波諾波諾產生了興趣。

我利用電子郵件，參加了日本首場工作坊。之後便持續參加，某天，他們跟我說：「我們想在法國舉辦課程，可以請你籌備嗎？」

這是一個很大的轉機。即使法國是我的母國，但要往返法國與日本兩地，實在很辛苦。當時課程越開越多，面對計算稅金等瑣事，我真的舉雙手投降。

靈感告訴我「該前進到下一個階段了」，所以我決定移居法國。

「沒問題」是我的清理工具之一。對宇宙的聲音說：「沒問題。」發生事情時，人總是很難說「沒問題」，會滯礙不前。對放開金錢這件事也是，很少人能夠說：「沒問題。」幾乎所有人都是如此，擁有的金錢越多，就越是安心。不過我的清理方式是，聽從宇宙的聲音。

每天二十四小時清理 問題堆積如山的鄰居

首先，我們在一開始就選擇要居住的市區，遲遲無法決定適合自己的房子，非常辛苦。當我們找房子找累了，開始把目標放在之前從來沒有考慮過的南法鄉間。後來，我們在一個小小的村落找到一間裝潢讓我們一見鍾情的大房子。原本在市區找房子找得非常辛苦的問題立刻獲得解決。

然而，我們新家的鄰居有經濟、精神與健康方面的問題。一開始，我費盡心思想要直接幫助對方，但完全沒有成效。於是我每天都在心裡持續清理。果然不能期待從自己的外在或對方來解決問題。我每天二十四小時不斷清理。

結果半年後的某個早上，那位鄰居笑容滿面地到我家來，告訴我許多事情都解決了。很快的，那位鄰居就搬家了。

此外，我家對面原本是間倉庫。那裡放著許多垃圾，就像一個垃圾場。

我和妻子每天都到那裡去說：「哈囉！」就這樣過了一年。某天，有輛大卡車來，花了三天的時間清運垃圾。一直到現在，那裡都很乾淨。

讓我覺得感恩的是，當我因爲遇到麻煩而臉色不好的時候，妻子就會問我：「你有沒有在清理呀？」這對我幫助很大。

因爲一切都是爲了清理，我的生命課題就是清理。

不能期待 從自己的外在或對方來解決問題 每天二十四小時持續清理自己

帕多里斯先生與其妻子百合小姐。清理是兩人的日常功課。

帕多里斯・朱利安：一九五二年出生於摩洛哥的法國人。荷歐波諾波諾法語圈講師兼籌備。現居南法。一九八八年，以法國大使館文化官的身分赴日。爾後於日本經營餐廳並從事顧問、商品開發、執筆、媒體活動，持續推廣法國的生活風格，直到二〇一〇年返法。著作豐富。

沒有回答不了的問題！
也沒有解決不了的困難！
與已逝莫兒娜不可思議的緣分讓我獲得幸福

琴．納卡薩特小姐

三十年來，琴與雷斯塔夫婦一同持續清理。

不知道為什麼，這位雙眼炯炯有神的女子吸引了我！

我出生、成長於檀香山，一直到結婚後定居茂宜，才得知荷歐波諾波諾。

某天，當地報紙刊登了莫兒娜的照片。不知道爲什麼，這位雙眼炯炯有神的女子吸引了我。當我閱讀報導內容，寫著有場主題是「荷歐波諾波諾回歸自性法」的免費演講。

雖然我和外子聽過荷歐波諾波諾，但並不特別感興趣，不過我們還是決定去聆聽週末舉辦的這場演講。

至今我仍無法忘懷第一次聽到莫兒娜演講的震撼——那種強烈的感覺，甚至讓我無法發出聲音。當莫兒娜說：「歡迎各位來參加課程。」我就心想：「我一定要參加才行！」並立刻報名。

當我實際參加課程，只拿到一張用打字機製作的簡單說明，當時還沒有手冊。學員十五名，其中有很多奇怪的人，於是我馬上就後悔了。

不過，莫兒娜傳授的內容還是很棒。她把荷歐波諾波諾的祕密、清理的恩惠等，全部傳授給我們。

期間，莫兒娜說：「神聖的存在在星期三給我的靈感，告訴我『去茂宜』，當時其實我已經預定星期六要在那裡舉辦演講了。現在，我終於明白爲什麼靈感這麼說了。」接著她走到我和外子身邊微笑，彷彿是在告訴我們：「我是去見你們的。」那眞是不可思議的經驗。

我的人生過得很輕鬆！而且，和絕望無緣！

從那時候開始，我和外子就持續清理了三十年。我的人生過得很輕鬆，和絕望無緣。沒有我回答不了的問題，也沒有解決不了的困難。我需要的人與物總是會來到我身邊。有趣的是，甚至當我心想：「這份資料還需要六十張。」我手邊就會剛好有六十張資料。（笑）

但不是說因此我就不需要醫師與律師。我來分享一個簡單易懂的小故事。莫兒娜的車十分老舊，名字是「唐」。某天，莫兒娜到修車廠去，那裡的人說：「這輛車也在實踐荷歐波諾波諾吧？那爲什麼還需要修理呢？」據說莫兒娜淡淡地回答：「輪胎需要空氣。」

沒錯，身體不舒服時我會去就診，缺乏物品時我會去購買。只要清理，就會知道哪間醫院、哪項商品最適合自己。

只要清理就什麼事都不用做——是人類的傲慢；爲了特定目的進行清理——是所謂「期待」的記憶。期待會破壞平衡、產生不協調。實踐荷歐波諾波諾，必須謙虛。

不需要夥伴與指導者！只要和神聖的存在連結

莫兒娜生前常說：「我不想要信者。荷歐波諾波諾不需要夥伴與指導者。和你直接連結的，唯有神聖的存在。」

事實上，莫兒娜從來沒有像老師那樣追蹤我們的動向，也從來沒有建立過實踐者之間的網絡。

現在，我非常明白箇中道理。人與人來往，會忍不住想要說故事。然而，那樣只會產生更多「業」。越是敘說故事，記憶就累積得越多。所以我們希望透過與神聖的存在的來往進行清理，而不是與人的來往。

此外，不需要去想自己清理了多少。我們確實清理了三十年，但時間是由思考而生，說不定清理三十年跟清理一次是一樣的。重要的是，自己的內心平靜。因爲只要自己平靜，就能將平靜帶給四周的人、帶給宇宙。

說不定清理三十年
和清理一次是一樣的

琴・納卡薩特：自一九八二年起，在莫兒娜女士身邊學習荷歐波諾波諾至今，持續清理三十多年。二〇〇七年，成為茂宜的講師。近年於夏威夷州教育部擔任教育專家，十分活躍。將莫兒娜說的「隨時清理自己」銘記在心，在教育現場也會每天清理。

管理已故莫兒娜女士智慧財產權的荷歐波諾波諾基金會

「荷歐波諾波諾基金會」設立於一九八〇年十月三十日，現在位於歐胡島市區的皇后街。除了管理已故莫兒娜女士留下的文字、照片等智慧財產權，現在全世界課程使用的手冊也是由此基金會授予翻譯權，印刷而成的。

自左上以順時針方向排列，分別是莫兒娜的照片、將翻譯成十三種語言的手冊排列在桌上的照片，以及基金會入口的照片。

進行清理之後 發現荷歐波諾波諾 是解決問題既合理又實際的方法

尼羅．契科先生

明明思考加以否定 情感與意識卻會坦然接受

我擁有荷歐波諾波諾講師資格，在義大利擔任課程的籌備。

二〇〇六年，我第一次參與課程。說眞的，我感到非常抗拒，並強烈懷疑：「這樣好嗎？」一開始，我對荷歐波諾波諾感到半信半疑。

我長年從事企業管理，也擔任商品大量生產與提升生產性等顧問工作。對向來依照理性思考生活的我來說，荷歐波諾波諾是很難理解的。

然而，我想我是對強硬的商業世界感到疲倦了，想要在工作以外尋求些什麼吧。因爲我竟然特別前往愛爾蘭，參加荷歐波諾波諾的課程。

在那裡，我首先清理「這樣好嗎？」的疑問，不管怎麼樣，我決定試著清理看看再說。說不定即使思考加以否定，情感與意識還是會坦然接受。

當我參加第二次課程，背骨感到強烈的神經痛。於是當天我將心思集中在背痛，專注於清理。

沒想到課程隔天，我的背痛就不藥而癒。這讓我非常驚訝。課程中有冥想的時間，當時疼痛突然襲來，背骨痛到無法忍受。雖然我的大腦對疼痛與現實感到抗拒，但我的身體卻坦然接受了疼痛。於是，疼痛就消失了。

話雖如此，我還是需要一段很長的時間，才能打從心底信賴荷歐波諾波諾。不管怎麼樣，我一心一意，專注清理。

當我對荷歐波諾波諾的理解日漸加深，就受託成爲義大利課程的籌備人員。開始清理後五年，也就是二〇一一年，我獲得荷歐波諾波諾的講師資格。

獲得荷歐波諾波諾辦事處頒發的講師資格——完全出乎我的意料，因爲要獲得這個資格非常困難，是件光榮的事。

修．藍博士每年會到義大利傳授一次課程。二〇〇九年的學員有一百五十人，二〇一〇年的學員有五百人，二〇一一年則是達到七百人。

荷歐波諾波諾在日本，似乎和在義大利一樣急速成長。我覺得日本人和義大利人有許多共通點。

首先，我們都喜歡簡單的事物（笑）。義大利人非常實際，喜歡簡單而合理的事物。一旦獲得「這個方法十分有效」的體驗，就會立刻接受。當我們嘗試說「謝謝你」「我愛你」，只要實際有效，我們就會相信。

我們不需要哲學與儀式。雖然我們不喜歡宗教，但我們會尋求靈性的事物。此外，義大利人喜歡新奇的事物。

荷歐波諾波諾是可以自己解決問題，既實際又合理的方法。我希望世界上能有越來越多人知道荷歐波諾波諾。

尼羅．契科：二〇〇六年首次在愛爾蘭參加由修．藍博士擔任講師的課程。在商場、家庭實踐荷歐波諾波諾，三年後，舉辦首次義大利課程。在日常生活中，持續清理身為工程師、丈夫與父親的自己。

離婚後和前妻互相怨恨，後來卻變成好友！生意也越來越順利，真是奇蹟不斷

伊旺．夫拉夫多先生

原本我們兩人的關係總是充滿怨恨

我在斯洛伐克擔任紀錄片的製作人。得知荷歐波諾波諾後，讓我的人生出現許多奇蹟。

因清理而產生巨大轉變的，是我和前妻的關係。我和她一同生活十四年，有兩個女兒。

然而我的婚姻生活卻一點也不幸福。我覺得她是個任性、差勁的人。在家裡，我們幾乎不交談，只要開口都是在攻擊對方。

二〇〇三年，我們離婚了。當時只花了四十分鐘就協議離婚，因爲我們都非常想要離婚。小孩的撫養權歸我。

離婚之後，她還是會在背後說我的壞話，我也對她感到憤怒，兩人的關係總是充滿怨恨。

那時，我得知荷歐波諾波諾，並開始清理。

當我持續清理「她很任性！」的想法，各位知道發生了什麼事嗎？

首先，我發現「任性的不是她，是我」。接著，我們的關係產生劇戲化的改變。無法想像的是，原本互相指責的我們，在不知不覺之間變成了好友！

她已建立新的家庭，也生了小孩。我不只是她的商量對象，也是她先生的朋友，更是他們小孩的好玩伴，大家的感情都很好。

「讓我們為您安排商務艙的座位。」

我的工作也很順利。

由於我的女兒二月出生，於是我中斷工作，在家裡幫忙帶小孩。半年後，當我一想：「差不多該恢復工作了吧？」兩週內就接到五個案件，其中一個案件是斯洛伐克電視台在九月十一日播放的影片。沒錯，就是和九一一恐怖攻擊有關的影片。

當時我必須前往紐約採訪，但距離播放日期剩下不到十天。雖然我一開始覺得不可能，但我只花了一天就取得簽證，並陸續找到想要採訪的人物，順利地準備紐約行。然而當我趕往機場，機場人滿爲患，航空公司表示飛往美國的班機「已經客滿」，等於拒絕了我。

當我清理後詢問對方：「那我該怎麼辦才好？」沒想到空服員竟然說：「讓我們爲您安排商務艙的座位吧。」

自從我開始清理，我的每天都是這種感覺。每一件事都像是個小小的奇蹟！當時的作品很棒，在晚間的黃金時段（電視業界晚間播放招牌節目的時段）播放了兩次。我的尤尼希皮里是個女孩，給我很大的幫助。因爲遇到任何事情，她都想要參與，所以我經常跟她說話，做決定前也會詢問她的意見。

現在，我的目標是製作修．藍博士的影片，標題是「Light House」（燈塔）。燈塔總是默默地照耀著四周。修．藍博士也是，他明明不是像古魯（印度教的導師）那樣讓人們追隨，人們卻會因爲受到燈光指引而聚集。

我希望能夠透過我製作的影片，讓斯洛伐克的人、全世界的人都知道荷歐波諾波諾。

憂鬱症、突然發怒的情況都消失了！山丘上的房子和五英畝的土地，都是神性智慧賜給我的事物

懷伊雷娜．克雷恩小姐

我找到人生欠缺的那片拼圖了

在我三十歲的時候，我帶著三個年幼的小孩，結束一段婚姻。當時，我住在貧困的礦村，沒有錢，還有精神方面的疾病。

我會因憂鬱症而突然發怒，當我生氣，我會變得無法控制自己的情緒。我前往許多醫院與講座，卻都找不到解決方法。

某天，當朋友告訴我有荷歐波諾波諾的演講，不知道為什麼，我有一種「一定得參加」的念頭。地點在費城，必須開三個多小時的車才能抵達。即使如此，我還是開著我的舊車前往費城。

當我走進教室，有位女士立即與我四目相接，那就是莫兒娜。那天，莫兒娜女士告訴我們關於尤尼希皮里的事。

尤尼希皮里，是我人生欠缺的那片拼圖。回程車上，我第一次和尤尼希皮里對話。「肚子餓了。」「想吃什麼呢？」「魚肉三明治。」……雖然已經很晚了，我還是走進附近的餐廳，點了魚肉三明治。那是把拼圖最後一片放進去的瞬間。

在那之後，我沒有一天不清理。憤怒的情緒也因為清理而獲得控制。小孩長大後，我在七年前移居夏威夷，過著獨居的生活。

只要目的符合金錢就會隨之而來

清理，有時候會帶來遠超乎想像的事物。我在夏威夷私人住宅擔任類似祕書的工作，一直很想搬到稍微大一點的公寓。某天，我開車時看見「出售」的招牌。就在我心想「哎呀？」的同時，我也轉了方向盤。那是棟位於山丘上的房子。我下車時，突然有股很熟悉的感覺，胸口一陣發熱。「難道你想要這個房子嗎？不行啦，絕對買不起的！」

我的尤尼希皮里很明白地表示，他想要買這棟房子。然而，我的判斷是「不！」為什麼呢？因為這棟房子有五英畝（※）的牧場！就收入而言，我頂多只買得起公寓的一個房間。我為了忘記這棟房子，拚命地清理。

不過尤尼希皮里想要的，就是來自神聖的存在的靈感。我根本無法忘記。當我踏出購屋的第一步，所有事情就進行得非常順利，房貸也很快就撥款了，讓人幾乎不敢置信。就這樣，我擁有了山丘上的房子與五英畝的土地。

我現在想起房貸的事情，還是會覺得「真是不可思議」。當我出現這種念頭，我一樣會清理（笑）。只要目的符合，金錢就會隨之而來。適合我的事物，自然就會成為我的事物。

我的房子在大自然圍繞下，一年比一年更加豐美。現在我除了照顧羊與其他動物，也會在田裡種植蔬菜。雖然肉體勞動很辛苦，但沒有比這更快樂的生活了。

※一英畝為一二二四坪。

懷伊雷娜．克雷恩：定居夏威夷。二十五年前，首次在美國費城直接向莫兒娜女士學習 SITH。以工作人員的身分，參與夏威夷、德國、英國、荷蘭的課程。主要是在身心障礙者的網絡之中實踐荷歐波諾波諾。身為單親媽媽，一手帶大三個男孩，現在也會以荷歐波諾波諾清理與孫子的關係。

結語

阿羅哈。

在此再次，
感謝各位今天選擇了清理。

感覺再怎麼細微的事物、看似再怎麼大的事物，
都是自己的責任。也就是說，只要一一清理自己被重播的記憶，
將使你、你身邊的人、你坐著的椅子，
甚至是遠方的樹木受惠，當然也包括我。

你的存在，就是這麼貴重。
你如何與自己的尤尼希皮里相處，是一切的關鍵。
請試著悄悄在心裡說：「謝謝你。我愛你。」
當你開始找回自己，
你就能看見所有事物真正的姿態。

沒錯，平靜從我開始。

謝謝你。

衷心祈願你、你的家人、親戚與祖先，
能夠擁有超乎人類理解程度的平靜。

伊賀列阿卡拉・修・藍

Ihaleakala Hew Len, ph.D.

國家圖書館出版品預行編目資料

零極限實作Mook / 伊賀列阿卡拉．修．藍(Ihaleakala Hew Len), KR(Kamile Rafaelovich)著；賴庭筠譯. -- 初版. -- 臺北市：方智, 2015.10
80面；21×28.5公分 --（新時代系列；177）

ISBN 978-986-175-404-8（平裝）
1. 超心理學 2.靈修
175.9　　104016238

Eurasian Publishing Group 圓神出版事業機構
方智出版社 Fine Press

http://www.booklife.com.tw　　reader@mail.eurasian.com.tw

新時代 177

零極限實作Mook

作　　者／伊賀列阿卡拉．修．藍、KR女士
譯　　者／賴庭筠
發 行 人／簡志忠
出 版 者／方智出版社股份有限公司
地　　址／台北市南京東路四段50號6樓之1
電　　話／（02）2579-6600．2579-8800．2570-3939
傳　　真／（02）2579-0338．2577-3220．2570-3636
郵撥帳號／13633081　方智出版社股份有限公司
總 編 輯／陳秋月
資深主編／賴良珠
責任編輯／巫芷紜
美術編輯／王　琪
行銷企畫／吳幸芳．陳姵蒨
印務統籌／劉鳳剛．高榮祥
監　　印／高榮祥
校　　對／柳怡如
排　　版／莊寶鈴
經 銷 商／叩應股份有限公司
法律顧問／圓神出版事業機構法律顧問　蕭雄淋律師
印　　刷／國碩印前科技股份有限公司
2015年10月　初版
2024年7月　12刷

DAREMOGA SHIAWASENINARU HAWAII NO KOTOBA “HO'OPONOPONO”

定價330元　ISBN 978-986-175-404-8

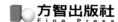